1톤의 생각보다 1그램의 행동이 필요하다

프로 직장인이라면 꼭 가져야 할
비전 수립과 실천 전략

1톤의 생각보다 1그램의 행동이 필요하다

정영재 지음

팬덤북스

머리말

마음먹은 대로 행동하고, 생각한 대로 이뤄라

'작년 한 해 우리에게 가장 많은 사랑을 받았던 히트 상품 베스트 10은 무엇일까?'

실제로 워크숍을 진행할 때 오프닝 퀴즈로 자주 사용하는 질문이다. 히트 상품의 영역은 인물, 이벤트, 영화, 상품 등 다양하다. 답을 공개하면 여기저기서 공감의 탄성이 끊이질 않는다. 한

편으로는 많은 참가자들이 굉장히 당황스러워한다. 이유를 물어보면 다음과 같은 대답을 한다.

"작년 한 해 동안 아무 생각 없이 지냈다는 생각이 강하게 드네요."

"작년 일이라 기억이 도저히 나지 않았습니다."

"너무 오래전 일이라……."

여기서 잠깐! 과연 너무 먼 과거라 기억이 나지 않는 것일까? 그렇다면 바로 어제 자신에게 일어났던 중요한 일 3가지만 얘기해 보라고 해도 똑같이 힘들어하는 이유는 무엇일까? 사람은 기본적으로 지나간 일에 대해 회상하고 정리하는 것을 힘들어하는 성향을 가지고 있다. 그러니 미래를 계획하는 것에는 더 큰 두려움을 가질 수밖에 없다. 필자도 그렇고 여러분도 마찬가지이다.

그러나 인간은 자기 자신을 돌아보고 새로운 계획을 세우는 능력이 있다. 이미 많은 자기 계발서를 통해 무엇이 중요하고, 무엇을 해야 하는지 알고 있을 것이다. 매년 초에는 '올해는 대출 이

자를 전부 갚고 싶다, 살을 꼭 빼고 싶다, 어학 실력을 키워 외국인과 프리토킹하고 싶다' 같은 수많은 계획도 세워 보았을 것이다. 그럼에도 빚은 쉽게 줄어들지 않고, 허리에 붙은 살은 늘어만 가며, 새로 구입한 어학책은 여전히 책장에 새것으로 꽂혀 있기 마련이다. 왜 그럴까?

우리 스스로를 자책하자는 말은 아니다. 일반적인 사람들은 너무나 쉽게 믿음을 제한하는 습관을 가지고 있다. 믿음을 제한하면 가능한 일이 아니라 거의 확실하거나 알고 있는 수준에서만 겨우 실천으로 옮기게 된다. 무한한 자신의 가능성을 믿고 간절히 원하며 적극적으로 행동한다면 그동안 이루지 못한 목표를 충분히 달성하고도 남는다.

함께 상상해 보자. 배가 넘실넘실 춤을 추고 있는 파도를 거슬러 항해하고 있다. 배가 안전하게 목적지까지 항해하려면 반드시 두 가지가 필요하다. 그 두 가지는 무엇일까? 하나는 '나침반'이고, 하나는 '현재 자신의 위치 정보'이다. 나침반이 없으면 나아갈 수 없고, 위치를 모르고서는 방향 자체를 잡을 수 없다.

누군가 인생을 끝없는 항해라고 했던가! 인생을 온전하게 살아가려면 다음의 두 가지가 있어야 한다. 인생의 나침반인 '비전'과 현재 자신의 정보인 '자신만의 가치, 강점'이다. 자신이 누구인지, 자신이 잘하는 것이 무엇인지를 찾고 확인하는 것이야말로 인생의 방향을 잡고 앞으로 정진해 나가는 최선의 방법이라고 확신한다.

이 책에서는 먼저 필자 자신에 대한 깊은 고민을 바탕으로 미션, 비전, 목표를 수립했다. 그 후 실제로 겪은 크고 작은 성공담과 경험담을 여러분과 공유하기를 바랐다. 아직 부족하지만 최소한 하루하루가 비전에 입각한 생각, 고민, 행동이라는 점을 보여 주고 싶다. 필자를 통해 자신감을 얻었고, 이제야 명확한 비전을 수립할 수 있었다는 많은 워크숍 참여자들의 성공담도 함께 나누고 싶다.

필자나 그들이나 특별한 능력, 지위를 가지고 있는 사람이 아니다. 주변에서 자연스럽게 마주치는 회사원, 학생, 자영업자, 주부 들이다. 필자는 자신만의 비전을 수립한 그들의 눈빛 속에서 무언가를 볼 수 있었다. 삶의 무게를 거뜬히 지탱해 줄 '마음속 지렛대'가 생겼다는 확신의 눈빛이었다.

책에 소개된 과정을 차근차근 따르다 보면 마음속 깊이 잠자고 있던 무언가를 되찾게 될 것이다. 나아가 무언가를 확인하는 방법을 배우게 될 것이다. 궁극적으로 여러분이 원하는 어제보다 더욱 행복한 오늘, 더욱 근사한 내일로 가는 문이 활짝 열리게 되리라 확신한다.

비전은 나이가 어린 청소년들만의 전유물이 아니다. 진정한 지식 근로자를 꿈꾸고 있는 대학생, 일터에서 전문성을 발휘하며 생활하고 있는 조직 구성원과 자영업자, 아이들을 양육하는 부모, 조직 생활을 은퇴하고 제2의 인생을 준비 중인 사람 등 모두에게 비전이 필요하다. 비전은 자전거의 페달, 자동차의 액셀러레이터와도 같다. 잘하고 있을 때에도 보다 큰 힘과 에너지를 선물해 주기 때문이다.

세상에서 가장 소중한 선물 3가지를 스펜서 존슨은 저서 《선물》을 통해 다음과 같이 말했다.

하나, 현재 속에 살기. 행복과 성공을 원한다면 바로 지금 일어나는 일에 집중하라. 소명을 갖고 살면서 바로 지금 중요한 일에 관심을 쏟아라.

둘, 과거에서 배우기. 과거보다 나은 현재를 원한다면 과거에 일어났던 일을 돌아보라. 그것에서 소중한 교훈을 배워라. 지금부터는 다르게 행동하라.

셋, 미래를 계획하기. 현재보다 나은 미래를 원한다면 멋진 미래의 모습을 마음속으로 그려라. 그것이 실현되도록 계획을 세워라. 지금 계획을 행동으로 옮겨라.

이 책을 통해 '선물'들을 하나하나씩 풀어 보고 마주하게 될 것이다. 여러분의 과거를 바탕으로 미래의 새로운 비전을 작성하길 바란다. 실제 내용은 직접 개발한 교육 프로그램을 바탕으로 하고 있다. '나를 찾아 떠나는 리더십 여행', 'Self-Visioning', 'Vision-Learning' 등 다양한 이름으로 불리기도 한다.

먼저 왜WHY 비전이 소중하고 중요한지, 그 필요성에 대해 알아야 한다. 구체적으로 비전을 세우는 데 필요한 자원들은 무엇인지WHAT 찾아본다. 여기서 그치지 않고 삶 속에서 비전을 어떻게HOW 지속적으로 유지하고 관리할지 함께 이야기를 나눈다.

조직 내의 평사원부터 부장까지의 경력 사원, 대한민국 곳곳의 대학생, 일반인 등 약 600명이 함께 공감해 주었다. 프로그램 참가자들은 각자 자신만의 비전 문구를 만드는 성취감을 느꼈을 뿐만 아니라, 자신을 되돌아보며 현재 하고 있는 공부, 일, 생활의 의미를 알게 되었다고 한다. 그 후 각자의 직장과 학교에서, 각자의 영역과 공간에서 많은 성공을 이루었다는 기분 좋은 소식을 전해 주고 있다. 특히 조직이나 학교, 동호회 등의 리더들은 자신들도 후배와 가족, 주변 사람들을 위해 좋은 영향력을 발휘하고 싶다면서 평생 필자와 비전을 함께하겠다고 했다.

앞으로 여러분과 함께할 '나를 찾아 떠나는 비전 여행'이 더욱 즐겁고 든든한 이유가 있다. 직접 경험했던 작은 성공담들과 워크숍 참가자들의 생생한 목소리가 여러분의 여행을 옆에서 응원해 주기 때문이다. 여러분은 자신과 대화를 끊임없이 나누게 될 것이며, 대화를 통해 스스로 성장하고 변화하려는 에너지를 얻을 것이다. 성장과 변화의 에너지는 여러분을 더욱 멋진 사람으로 거듭나게 할 것이다. 여러분은 얼마든지 변화될 수 있는 고귀한 존재이다.

자! 진정한 나를 찾아 떠나는 여행, 출발!

contents

머리말 마음먹은 대로 행동하고, 생각한 대로 이뤄라 ㅣ004

chapter 1
자기 안으로의 **냉철한 여행**

차가운 머리와 뜨거운 가슴으로 본인을 평가하라 ㅣ016

못하는 것에 좌절하지 말고 잘하는 것에 대한 리스트부터 짜라 ㅣ024

목표가 없는 비전은 공허하고, 비전 없는 목표는 사상누각이다 ㅣ035

사랑에 빠졌을 때VS 비전에 빠졌을 때 ㅣ041 평생 전쟁터를 평생 직장터로 ㅣ045

진정한 월급 장인(匠人)을 지향하며 ㅣ048

chapter 2
세상 밖으로의 **열렬한 행진**

간절한 만큼 길이 보이고, 행동한 만큼 그 길을 간다 ㅣ056

나는 월급쟁이인가, 월급 장인인가? ㅣ060 나만의 인생 고객을 찾아서 ㅣ065

직장에서의 3+1 존재 방식 ㅣ070 비전으로부터 시작되는 모든 변화 ㅣ076

Mission Impossible → Mission I'm possible ㅣ080

인생은 비전 실천 및 성찰의 연속 ㅣ084

chapter 3
인생의 VIP Very Important Property를 통한 미션/비전 작성

핵심 가치를 구성하는 3요소 | 094   시간 : 누구에게나 공평하지만 | 098

돈 : 누구에게나 필요하지만 | 113   사람 : 누구에게나 힘이 되지만 | 118

핵심 키워드 도출 : 시간, 돈, 사람을 통한 결과물 | 127

내가 아는 나의 강점 VS 남이 인정하는 나의 강점 | 131   다중지능 이론 | 136

자타 공인, 자신의 강점을 확인하자 | 141   미션과 비전을 구분하여 문장으로 작성하라 | 147

비전을 바탕으로 한 구체적 목표 수립 | 151

chapter 4
Of the vision, By the vision, For the vision 6계명

미래 일기 작성하기 | 162   놀라워라, 긍정의 힘! | 166

무모한 올인이 아닌, 적극적인 몰입을 하라 | 172   후회에도 품격이 있다 | 178

비전 노트 작성하기 | 181   위대한 목표를 향해 실행하라 | 188

chapter 5
월급 장인을 향한 10가지 지침

책 읽기 습관을 지녀라 | 194   일주일에 한 번 모임을 가져라 | 199

출퇴근 시간을 활용하라 | 204   외국어를 공부하라 | 209   학교를 다녀라 | 213

관심 분야에 대한 글쓰기를 하라 | 217   인간을 이해하라 | 221

모임을 조직하라 | 227   강사에 도전하라 | 231

일로부터 인정받고, 사람으로부터 사랑받아라 | 235

A c t   u p o n   y

chapter 1

자기 안으로의
냉철한 여행

ur vision!

차가운 머리와 뜨거운 가슴으로 본인을 평가하라

누구나 새것을 좋아한다. 모서리가 닳아 못생겨진 구두나 구형 휴대폰은 교체 대상 1순위이다. 그렇다면 가장 낮은 곳에서 지탱해 주고 편안한 이동을 도와줬던 구두의 고마움을 생각해 보았는가? 수많은 사람들과의 통화를 연결해 주고 여가도 책임졌던 휴대폰의 고마움은 알고 있는가? 아직 가지지 못하는 새

구두, 최신 휴대폰만큼이나 그동안 곁에 있었던 낡은 구두, 구형 휴대폰의 고마움을 아는 것도 의미가 있다는 말이다.

사람들은 대개 부족함에 대해서는 신경을 많이 쓰는 편이다. 부족함을 인식한다는 자체는 채우려는 노력도 함께 동반될 가능성이 있어 이로운 점도 많다. 그렇다고 이미 가지고 있는 것들에 대한 중요성을 놓쳐서는 안 된다. 이미 가슴속에 가지고 있는 열정, 꿈, 재능 등을 애써 무시하고 사회가 내놓은 기준에 맞추려 발버둥 치는 모습을 자주 목격한다. 부족함을 채우기 위한 활동이 자기 계발이라고 생각하기 쉽다. 취약점을 찾아 보충하려는 노력, 물론 중요하다. 하지만 많은 시간과 돈을 아주 작은 구멍을 틀어막으려고 쓰기보다는 또 다른 큰 건물을 짓는 데 활용한다면 어떨까?

가슴속에 있는, 너무나 자연스러워 습관이 되었지만 상대적 우위를 지닌 것들을 폐물이 아닌 진정한 보물이라 부른다. 비전과 목표를 세우는 일도 마찬가지다. 아직 이루지 못한 일만이 아니라 이미 자신을 이끌어 준 보물을 찾는 시간이 우선 되어야 한다. 취업을 준비하는 대학생이나 사회생활을 하는 직장인들, 자영업자들에게 자신을 분석하는 유용한 방법으로 '아직'과 '이미'라는 질문을 던지면 분명 의미 있는 답을 얻게 될 것이다.

자신의 삶을 분석하고 평가해 본다는 것은 말처럼 쉽지 않다. 조금 간편한 방법이 있을까? 삶을 돌이켜 볼 때 아래와 같은 일정한 영역을 가지고 고민해 본다면 좀 더 쉬울 것이다.

첫 번째는 육체적 영역이다. '건강 전반에 대한 돌아봄'이라고도 할 수 있다. 몸무게의 증감 정도, 병원 입원 유무, 시력, 청력 등을 살피는 방법이다.

"저는 작년에 허리를 크게 다치고 정신적으로, 육체적으로 힘든 생활을 했습니다. 하지만 독한 마음을 먹고 걷기 시작했습니다. 정말 끊임없이 주문을 외우며 걸었습니다. 점점 좋아지고 있다고……. 며칠 전에 엑스레이를 찍어 보았습니다. 놀랍게도 허

리뼈 주변에 건강한 근육들이 붙었다는 의사 선생님의 말씀을 들었습니다." (강OO 대리)

강 대리는 지금의 건강한 모습에 만족해하며, 사내에서는 '걷기 운동 전도사' 역할을 자처할 정도가 되었다는 말을 했다.

"저는 식단을 과감히 바꾸고 6개월 만에 9kg 감량에 성공했습니다. 처음에는 정말 미치는 줄 알았습니다. 특히 음식 광고가 TV에 나올 때면 눈물이 핑 돌기까지 하더군요. 지금은 모든 음식을 즐기면서도 몸무게를 유지할 수 있다는 자신감이 생겼습니다." (여성 이OO 과장)

성공담만 있는 건 아니다. 작년 한 해 어렵게 끊었던 담배를 어느 날 직속 상사가 준 스트레스로 다시 피게 되었다는 조금은 억울하다는 이야기, 장염인 줄 알고 병원에 갔다가 맹장 수술을 했던 아찔한 경험 등도 들었다.

이제는 여러분의 차례이다. 올 한 해, 또는 작년에 건강상 잘된 부분과 부족했던 부분에 대해 생각해 보고, 그 내용을 채워 보기 바란다.

두 번째는 지적 영역이다. '자기 계발에 대한 돌아봄'이라고도 할 수 있다. 어학 공부, 읽은 도서, 자격증 도전, 프로젝트 경험, 멘토와의 만남 등이다. 대학생 워크숍 참가자들은 기다렸다는 듯이 전공 학점, 어학 점수 같은 스펙에 대한 이야기를 많이 한다.

"이 영역에는 취업을 하기 위해 준비할 것들이 많아 적을 내용이 좀 있네요."

"그렇죠. 자신의 이전과 지금의 모습을 비교해 보고 또 다른 학습 목표를 세워 보는 것이 더욱 중요하답니다."

직장인 참가자들은 프로젝트 성과 및 자격증에 대한 말을 많이 듣는다. 당연히 푸념을 하는 참가자들도 있다.

"매일 반복되는 업무만 처리하는 데도 하루가 부족해요. 자기 계발은 무슨……."

"매일 주어진 업무가 자신의 경력과 어떻게 연결되는지 생각해 봐야만 합니다. 업무 속에서 느꼈던 작은 성취감 등을 반드시 상기시켜야 새로운 에너지를 얻을 수 있습니다."

이렇게 답변을 하면 다시 한 번 깊은 생각에 잠기는 모습을 보인다. 여러분의 지적 영역에서 잘된 부분과 부족했던 부분은 어떤 것인가?

세 번째는 감정 영역이다. 쉽게 간과하는 부분이기도 하다. 인간관계와 함께 맞물리는 부분이라 특별히 강조하고 싶다. SNS의 발달과 각종 온라인, 오프라인 모임이 활성화된 시대에 살면서 오히려 '진정한 관계'가 소홀히 다루어지는 경향이 있다. 나 하나쯤이야 하는 생각과 그 사람 하나쯤이야 하는 생각에 소중한 인연을 가볍게 여기기 쉽기 때문이다. 우리는 질이 높은 관계high-quality relationship를 유지해야 한다. 즉, 상대방의 처지와 입장을 이해하고 함께 공유하려는 마음이 깃든 관계가 필요하다.

"작년에는 팀원 중 2명이나 떠나게 되었습니다. 업무적으로도 남은 팀원들에게 부담이었지만, 특히나 남아 있는 팀원들의 사기가 떨어지진 않을까 걱정이 많이 되어 정신적으로도 힘들었던 기억이 납니다." (정OO 차장)

지난 한 해 동안 크게 고민했던 걱정거리와 더불어 크게 다툰 상대가 있는지, 크게 화를 낸 적이 있는지, 누구와 더욱 친해지고 누구와 소원해졌는지, 그 이유는 어디에 있는지 돌이켜 봐야 한다. 부모님, 형제처럼 가족일 수 있고, 선배나 상사, 후배나 부하일 수도 있다. 항상 주변 사람들과 자신의 감정선을 확인하고 좋은 관계를 유지하려는 마음가짐을 가지는 것이 중요하다.

삶을 돌이켜 보며 성찰하는 세 영역은 한 해에 국한되지 않는다. 하루를 돌아보고 정리하는 방법으로도 아주 훌륭하다. 자신과의 대화에 익숙해지길 바란다.

간단한 자기 성찰 양식

구분	잘된 점	부족한 점
육체적 Physical		
지적 Intellectual		
감정적 Emotional		

못하는 것에 좌절하지 말고 잘하는 것에 대한 리스트부터 짜라

'도대체 뭘 잘하는지 도무지 알 수가 없다'가 제일 답답한 상황이다. 평범하게 이것저것 해보았고, 특별히 못하는 것도 없다. 그렇다고 특별히 잘하는 것은 더더욱 없다. 이런 생각에 사로잡혀 있는 사람들은 강점의 씨앗을 찾아보라!

첫째, 어렸을 때 되고 싶었던 사람을 생각해 본다. 즉, 직업이나 꿈에 대한 이야기이다.

필자가 열 살 때의 일이다.

"영재는 커서 뭐가 되고 싶니?"

오랜만에 집에 놀러 오신 외숙모가 질문을 던졌다. 멍 때리고 있다 흠칫 놀랐다. 사실 깊게 고민해 본 적이 없었다. 세상에 어떤 직업이 있는지도 잘 몰랐다. 부모님이 얘기해 준 의사, 선생님, 교수, 과학자, 변호사, 판사, 외교관, 대통령 말고는. 그래서인지 그런 질문을 받을 때면 먼저 엄마의 눈치를 살피게 된다.

"의사요."

대답을 들은 어머니는 조금 안심을 하는 눈치였다. 그렇게 초등학교, 중학교, 고등학교를 다녔다. 솔직히 무언가 딱히 되고 싶은 것도 없었지만, 일단 서울에 있는 대학에 진학해야 했다. 직업은 그 다음의 일이었다.

워크숍에 참가한 사람들에게 물어보았다.

"여러분들은 어렸을 때 되고 싶었던 사람이나 갖고 싶었던 직업이 있었습니까?"

참가자들은 얼굴에 엷은 미소를 지었다. 어떤 대학생 참가자는 뒤통수를 크게 얻어맞은 기분이었다고 말했다.

"그러고 보니 제가 어렸을 때 뭐가 되고 싶었는지 기억도 나지 않습니다."

어떤 직장인은 이렇게 얘기했다.

"조금 씁쓸하네요. 어렸을 땐 참 되고 싶은 것도 많았는데 말이죠. 지금 제 현실이 답답하네요."

누군가는 되고 싶었던 꿈이 기억나지 않아 아쉬워했고, 누군가는 과거의 꿈과 현실의 차이를 실감하고 낙담했다. 중요한 것은 누구나 꿈이 있었다는 점이다. 'TV에 자주 나오는 저 사람처럼 되고 싶다'거나, '저 사람이 참 부럽다'는 생각은 대개 한 번씩은 해보았으리라.

워크숍에 참여했던 한 여대생은 이런 대답을 했다.

"저는 백댄서가 되고 싶었습니다."

순간 주변 친구들이 비웃기 시작했다.

"야! 백댄서가 뭐야!"

여대생은 주변 반응에 당혹스러워했지만, 순간 진정성을 읽을 수 있었다.

"그렇군요. 혹시 리듬에 맞춰 춤추기를 좋아했거나, 무대에 서기를 즐거워했나요? 앞에 나서지는 않아도 주인공 뒤에서 더욱 빛나게 해주는 활동을 좋아하지는 않았나요?"

일순간 분위기가 차분해졌다. 여대생은 뜨거운 눈물을 흘리며 고개를 연신 끄덕였다. 워크숍이 끝나고 여대생은 이런 메시지를 남겼다.

'감사합니다. 조금 쑥스럽기도 하지만, 처음으로 제 가슴속에 묻어 놓았던 강점을 인정해 주셨습니다.'

모든 사람의 가슴에는 저마다 강점의 씨앗이 심어져 있다고 생각한다. 많은 사람들은 자신에게 씨앗이 턱없이 부족하다고 두려워하곤 한다. 지금 자신의 모습에 자신 없어 하며 씨앗을 홀대하기도 한다. 씨앗의 싹을 틔워 튼실한 열매를 맺게 할 유일한 사람은 바로 자신이다.

필자는 사실 교사나 요리사가 되고 싶었다. 몇 년 전에 스스로 깊이 생각해 보았다. 왜 교사나 요리사가 되고 싶었을까? 깊이 고민하던 어느 날 무릎을 탁 쳤다.

우선 교사, 요리사라는 직업의 어떠한 모습을 동경했는지 구체적으로 적어 보기로 했다. 교사는 '학생을 가르친다, 교육을 준비한다, 학생들로부터 반응이 온다, 새로운 교재를 개발한다'라고 구체적인 동사 중심으로 적었다. 요리사는 '음식을 볶는다, 새로운 음식을 개발한다, 맛있는 음식을 제공한다'라고 적었다.

둘 사이에 공통된 행동들을 발견할 수 있겠는가? 새로운 교재를 개발하고 교육을 준비하는 일과 음식을 볶고 새로운 음식을 개발하는 일에는 뭔가를 만들어 보려는 의도가 보인다. 정리하면 고객들을 위해 무언가를 만들어 제공하려는 마음이 강했다는 것이다.

실제 작성 사례

직업	구체적 Action 동사
요리사	볶는다, 제공한다, 개발한다
선생님	가르친다, 반응이 온다, 개발한다

둘째, 학창 시절 좋아했던 과목이나 수업에 대한 이야기이다.

"어렸을 때 굳이 열심히 공부하지 않아도 좋은 성적을 거뒀던 과목이 있으신가요?"

이런 흥미로운 질문을 받은 적이 있다. 누구에게나 그런 경험이 있다. 학창 시절을 생각해 보면 교실마다 역사왕, 수학왕, 영어왕, 운동왕 등이 있었다. 교과서 수준의 지식을 뛰어넘어 깊이 있는 내용까지 아는 친구들은 부러움의 대상이었다. 필자에게도 나름 '한자왕'이라는 별칭이 있었다. 일단 한문 수업 시간이 기다려지고, 한문 선생님이 좋고, 시험 문제를 푸는 것도 즐거웠다. 고3 수험생일 때도 일일 한자 학습지를 풀었던 기억이 난다.

또한 필자에게 발표 수업은 큰 장애물이 되지 않았다. 많은 학생들 앞에서 발표하기를 너무나 두려워했던 친구들과는 달리, 열심히 준비한 내용을 어떻게 하면 효과적이고 재미있게 전달할까에 관심을 가졌다. 발표 수업이 끝나면 '영재 덕택에 수월하게 잘 넘어갔다'는 친구들의 격려도 이어졌다.

스스로 관심을 가졌거나 상대적으로 쉽게 잘했던 과목을 살펴보기만 해서는 안 된다. 실제 그 과목을 잘하기 위해 취했던 동작과 구체적인 행동을 적어 보는 것이 중요하다.

쉬운 예를 들어 보자. 역사 시간을 즐기며 좋은 성적을 거두었던 사람들의 빠지지 않는 공통점은 어렸을 때부터 위인전과 역사 관련 도서를 폭넓게 읽었다는 것이다. 화학이나 생물 과목을 잘하는 친구들은 부모님이 연구자라든지 관련 직업이어서 어렸을 때부터 자연스럽게 접한 경우가 많다.

조금은 다른 방향이지만, 가르쳤던 선생님이 너무 좋아서 그 과목을 잘하게 되었다는 이유도 있다. 마찬가지로 그 선생님의 어떠한 구체적 동작과 행동이 인상적이었는지 생각해 보고 적으면 도움이 된다.

실제 작성 사례

과목 및 활동	구체적 Action 동사
어학	쉽게 암기한다, 잘 받아들인다, 활용한다
발표 수업	생생한 표현을 사용한다, 설명을 한다

셋째, 나는 무엇을 할 때 제일 편안함을 느끼는지 이야기해 보자. 누구나 무한한 잠재력을 가지고 있다. 동시에 누구나 보다 나은 생활과 멋진 모습을 상상하며 살아간다. 붓다는 세상을 떠나면서 다음과 같은 마지막 유언을 남겼다고 한다.

"그대 자신을 비추는 등불이 되라."

다른 사람을 따르지도 말고, 흉내 내지도 말라고 했다. 각자의 내면에는 엄청난 잠재성이 숨어 있으니, 내면에서 울려 퍼지는 목소리에 귀를 기울이라 했다. 잠재력과 기분 좋은 상상은 딱딱한 연구실이나 독서실에서만 찾아내는 것이 아니다. 자신이 가장 자연스러울 때, 가장 가벼운 마음일 때 비로소 찾을 수 있다.

"무엇을 할 때 가장 자유로움을 느끼며 편안함을 느끼십니까?"

1초도 안 되어 "잠 잘 때요!"라고 누군가 대답한다. 여기저기서 웃는 소리가 들려온다.

"맞습니다. 사람들은 모두 잠을 잘 때 가장 편안함을 느낍니다. 여기서는 여러분 각자의 고유한 편안함을 느낄 때를 생각해 보시기 바랍니다. 분명 이걸 하면 정말 나 같다 싶은 무언가가 있을 것입니다. 자, 무엇을 할 때 가장 편안함을 느끼며 자유롭습니까?"

이제 참가자들은 깊은 고민에 빠져든다. 필자 같은 경우는 조금 독특하게도 과외 수업을 진행할 때 가장 편안하면서 행복을 느꼈다. 부족한 실력이라도 후배들을 위해 뭔가 전달해 주고, 나름 쉽게 문제에 접근하는 방법과 해법을 제공할 때 쾌감이 생겼다. 결과가 좋으면 함께 기쁨을 나눌 수 있어 더욱 좋았다.

또 하나 '정말 나 같다 싶은' 생각이 들 때는 독서이다. 다행히 업무적으로 연관성이 있어서 한 장을 읽더라도 어떻게 의미 있는 자료와 아이디어로 남길지 고민하게 된다. 조직에서 업무를 하면서 독서가 즐거운 이유는 검증이 가능하기 때문이다. 배운 것을 현장에서 곧바로 적용해 결과를 도출하고, 그 결과를 통해 또다시 지식을 축적해 가는 과정을 거칠 수 있다. 그러다 보니 독서는 힘들게 시간을 내어서 해야만 하는 일이 아니다. 곁에서 조언해 주는 '개인 비서'와 같은 존재가 되었다.

한 참가자는 마라톤을 할 때 가장 자유로움을 느낀다고 했다. 숨이 차 극한의 상태가 되면 오히려 가장 편안함을 느끼고, 완주를 하고 나면 또 다른 목표를 자연스럽게 세우게 된다고 한다. 연구직인 어떤 참여자는 무언가를 혼자 만들 때라고 했다. 물건들을 분해하고, 부품들을 분석하고, 다시 조립하는 일련의 활동을 할 때 가장 큰 성취감을 얻는다고 한다. 여러분에게 자유로움과 편안함을 선물해 주는 활동을 찾아보고, 그때 취한 구체적인 행동 등을 적어 보기 바란다.

실제 작성 사례

활동	구체적 Action 동사
과외 수업	가르친다, 쉽게 설명한다, 해법을 제공한다
독서	읽는다, 이해한다, 자료화한다, 적용한다

목표가 없는 비전은 공허하고, 비전 없는 목표는 사상누각이다

열정을 가지고 적극적으로 삶을 경영해 나가는 사람을 자기 목적성으로 충만해 있는 사람이라고 말한다. 한 구두닦이 아저씨의 사례를 들어 보자. 구두닦이 아저씨를 떠올리면 먼저 남이 벗어 놓은 신발들을 작은 공간에서 고되고 힘들게 닦는 모습을 상상하게 된다. 사례에 등장하는 구두닦이 아저씨가 많은 시간을 보내는 작은 공간의 오른쪽 벽면에는 다음과 같은 비전 문구가 쓰여 있다.

1. 자식들에게 존경받는 아빠가 된다.
2. 나는 반드시 CEO가 된다.
3. 성공학 책을 쓴다.
4. 최고의 동기 부여 강사가 된다.
5. 노벨 평화상을 수상한다.

"에이, 저게 어떻게 가능해요. 너무 허황된 꿈에 불과하지 않나요?"

구두닦이 아저씨의 비전 문구를 소개하면 많은 참가자들이 보이는 첫 반응이다. 놀랍게도 그 구두닦이 아저씨에 대한 기사가 신문에 실린 적이 있다. 기사의 헤드라인은 '인생 강사로 데뷔한 구두닦이 CEO'였다.

"5개의 목표 중에서 몇 개가 이루어졌나요?"

"2개요."

그렇다. '나는 반드시 CEO가 된다', '최고의 동기 부여 강사가 된다'는 이루어졌다. 필자도 글로벌 동기 부여 강사가 비전이라 그는 강력한 라이벌이기도 하다. 잘 생각해 보면 구두닦이 아저씨가 이룬 비전이 하나 더 있다.

"이분은 자식들에게 존경을 받고 있을까요, 아닐까요?"

큰 목소리의 대답이 바로 나온다.

"존경받는 아빠일 것입니다."

이와 같이 남에게 보여 주기 위한 목적이 아니라 자신이 직접 수립한 비전을 바탕으로 삶을 영위하는 사람은 자기 목적성을 가지고 있다고 할 수 있다. 물론 모든 일에 자기 목적성을 가지고 임할 수는 없다. 외부의 요구와 필요에 의해 내키지 않아도 해야 하는 일은 분명 있기 마련이다. 그럼에도 자기가 하는 모든 일에 의미와 가치를 부여하는 사람이 진정한 자기 목적성을 가진 사람이다.

오직 성공만을 위해 달려간다면 부작용이 나타난다. 성공에 대한 명확한 인식도 없는 상태에서의 맹목적인 달리기는 위험하다. 만약 선정한 방향이 잘못되었다면 열심히 하면 할수록 더욱 빨리 잘못된 곳에 도달하게 된다. 매일매일 조금씩 자신의 가치를 높여 가야 한다. 그래야 성공으로 가는 올바른 길을 걷게 되고, 자기 목적성을 가진 진정한 삶이 된다.

그렇다면 어떻게 자기 목적성을 가진 사람이라고 판단할 수 있을까? 자기 목적성을 가진 사람들을 단시간 내에 확인하기는 어렵다. 결정적인 순간에, 위기가 닥친 순간에 그들의 진가가 발휘된다. 자기 목적성이 강한 사람일수록 조직 내에서 성과를 내기 위한 고난이도의 과제를 떠맡는다. 그런 사람은 과제 앞에서 주저하지 않으며, 강한 집중력을 보여 준다.

흥미로운 점은 자기 목적성을 가진 사람들은 그렇지 않은 사람들보다 가족과 함께 지내는 시간이 많다는 사실이다. 어떻게 삶의 즐거움을 더욱 만끽할 수 있는지 잘 알고 있기 때문이다.

자기 목적성을 가진 사람들은 방어 의식이나 부정적인 생각보다는 편안한 상태에서 비전에 입각한 다양한 시도와 도전을 한다. 결국 자기 비전을 정확하고 구체적으로 수립한 사람들은 지칠 줄 모르는 열정을 가지게 된다. 남들보다 많은 시간이 주어지지는 않겠지만, 주변의 일에 더욱 관심을 기울이면서도 자기가 좋아하는 일에 많은 시간을 투자한다. 자기 자신만의 울타리를 훌쩍 뛰어넘어 삶 자체를 즐기는 정신적인 여유와 공간을 가지고 있는 사람이기도 한 것이다.

벤저민 디즈레일러는 다음과 같이 말했다.

"분명한 목표가 있는 인간의 의지를 이겨 낼 수 있는 것은 아무것도 없다."

성공하는 사람들은 실패하는 사람들이 회피하는 일조차도 떠맡는 습관이 있다. 그 사람 역시 기피하려는 마음이 분명 있을 것이다. 하지만 그들만의 필살기인 '뚜렷한 목표'의 힘으로 기피하려는 마음을 굴복시키며 끊임없이 정진해 나가는 것이다. 자기 목적성을 가지고 자기만의 빛을 발휘하는 사람, 바로 당신의 이야기이다.

사랑에 빠졌을 때

VS

비전에 빠졌을 때

'Love makes brain blind.'

사랑에 빠지면 판단력과 두려움을 관할하는 뇌 일부분이 비활성화된다고 한다. 정상적인 판단이 불가능하다는 뜻이다. 그 결과로 남자가 여자에게 하늘의 별도 따다 주겠다고 허풍을 떠는 것일까?

고2 때 절친한 친구와 나눈 이야기이다.

"너는 무엇이 행복이라고 생각하니?"

"글쎄, 지금처럼 건강하게 잘 먹고 잘 사는 것?"

"나는 내가 사랑하는 사람이 이 세상에 존재하는 것이 행복이라고 생각해."

그때부터 감성은 좋았던 것 같다. 좋아하는 여학생의 수업이 끝날 때까지 담벼락 뒤에 숨어 있다가 드디어 모습을 보이면 호들갑을 떨거나, 아예 긴장해서 숨도 제대로 못 쉬던 시절이 있었다.

사춘기의 사랑은 아름답고 정신 건강에 좋다지만, 무차별적으로 사랑에 빠져 정신을 못 차리는 친구들을 많이 보기도 했다. 중요한 것을 뒤로하고 시간만 낭비하는 친구들이었다. 미래를 생각하지 못하고 사랑에 빠지면 득보다 손실이 크다.

반대로 이것에 빠진다면 무엇이든 해볼 만하다. 과연 무엇일까? 바로 '비전'이다. 혈기가 왕성하고 육체적으로 건강한 청춘들만 세상에 들이댈 수 있는 것이 아니다. 자신의 가치와 역할을 인식하고 있는 사람이라야 비로소 세상과 맞설 수 있다.

"우리는 가치를 통해 하고자 하는 일의 당위성을 발견할 수 있다. 또한 우리는 역할을 통해 하고자 하는 일에 어떤 태도와 행동을 취할지를 알게 된다."

닮고 싶은 한 교수님께서 하신 말씀이다.

가치와 역할에 대해 세 가지 측면에서 입체적으로 고민해 봐야 한다. 첫째, 가정 안에서 자식이나 가장으로서의 가치와 역할에 대한 고민이 필요하다. 둘째, 하는 일과 업무에서의 가치와 역할에 대해 고민해야 한다. 마지막으로, 여가 생활(친구, 모임 등)에서의 가치와 역할에 대해 고민해야 한다. 결국 가정, 자신의 일, 여가 생활의 균형을 통해 인생이 빛을 발휘한다.

비전이 뚜렷한 사람들이 선호하는 공통적인 말이 있다. 그들은 '내가 왕년에'라는 말 대신에 '내가 앞으로'라는 말을 선호한다. '괜히 했어'라는 말보다 '해보길 잘했어'라는 말을 선호한다. 그들은 핑곗거리를 찾는 시간과 에너지를 자신에게 쏟는다. 비전이 뚜렷한 그들을 만나고 돌아오는 길에는 긴 여운이 남는다. 다른 사람들이 만들어 놓은 기준에 빠지기보다는 자신만의 색깔과 목소리에 충실한 비전에 빠져야 할 것이다.

'Vision makes life sparkling!'

평생 전쟁터를 평생 직장터로

89%. 최근 한 경력 개발 기관에서 직장인을 대상으로 한 조사를 통해 나온 수치이다. 조사를 해보니 89%의 사람이 이직을 꿈꾼다고 한다. 놀라운 수치이기도 하지만, 이직을 꿈꾸고만 있다는 점이 더욱 주목된다. 오히려 이런 마음이 지금 하는 일에 대한 불만족으로 이어지기 쉽다.

현실을 도피하기 위한 차선책으로 이직을 꿈꾼다면 정말 안타까운 일이다. 일 자체나 전문성 발휘를 못 한다는 아쉬움보다는 상사, 조직 문화 등에 대한 업무 외적 불만으로 이직을 결심하는 사람들을 많이 보았다. 일만큼 사람과의 관계가 얼마나 중요한지를 반증하는 대목이다. 결정적으로 89%라는 사람들에게 빠져 있는 것은 이직 이후의 비전과 목표이다.

대학생들이 취업 전쟁터를 지나 드디어 직장이라는 고지를 점령하지만, 불행은 그때부터 시작되기도 한다. 직장에 대한 고민만 했을 뿐, 직업에 대한 고민을 적게 한 결과이다. 하드웨어에 대한 고민 말고 진정 중요한 콘텐츠, 소프트웨어에 대한 고민이 없었던 것이다. 실제로 직장 생활 시작 후 3년이 지난 시점에 약 45%의 이직률을 보인다고 한다.

한 청소부가 이른 새벽에 후미진 골목에서 낙엽을 쓸고 있었다. 그에게 청소라는 개념은 좀 달라 보였다.

'나는 지금 지구 한 모퉁이를 깨끗이 하는 중이다.'

어떤 생각이 드는가? 먹고살려고 하는 일에서 자부심을 느끼는 업이 되는 찰나이며, 하나의 소명이라는 결정체로 거듭나는 순간이다. 최소한 우리는 먹고살기만을 위해 출퇴근을 하고 있지는 않을 것이다. 그 이상의 무엇을 위해, 행복과 성공을 위해 달려가는 중이다. 좀 더 훌륭하게 나아가려면 진정으로 잘할 수 있는 일, 잘해 보고 싶은 일을 찾아야 한다. 비록 지금의 업무가 원하는 일과 거리가 있더라도, 진정으로 원하는 그 일을 하기 위한 기본기와 초석을 닦는 중이라고 생각해 본다면 어떨까?

진정한 지식 근로자로 살아가야 한다. 직장인이 아닌, 진정한 직업인으로 살아갈 방법을 찾아야 한다. 이제는 제발 '월급쟁이가 벌어 봤자지, 돈 벌려면 자기 사업을 해야지, 위에서 까라면 까야지, 내가 무슨 힘이 있어' 같은 말은 그만 듣고 싶지 않은가! 전쟁터에서 평생 상대방을 밟고 일어서야 하는 전사가 되기보다는, 평생 직업을 찾기 위해 내면의 목소리를 경청하고 자신과의 싸움을 즐길 줄 아는 학사學士가 되어야 한다.

진정한 월급 장인匠人**을 지향하며**

자신을 분석하는 방법으로 익숙하게 사용되는 SWOT 분석을 추천하고 싶다. 한마디로 표현하면, 자신 내면의 강점Strength과 약점Weakness을 확인하고, 외부 환경의 시각에서 기회Opportunity와 위협Threat을 찾아보는 것이다.

대학생들을 대상으로 한 SWOT 분석을 보자. 공통적으로 많이 나왔던 대학생들의 강점과 약점, 기회와 위협 영역에서의 내용은 이렇다. 대학생의 강점으로는 젊음, 패기, 열정이 많고, 약점으로는 미성숙, 서투름 등이 많다. 세상 사람들과 좀 더 쉽고 다양하게 인맥을 형성할 수 있다가 기회이고, 위협은 사회 경험 부족으로 겪게 될 시행착오 등이다.

놀라운 사실은 많은 대학생들이 본인의 약점과 위협은 쉽게 찾아 기술하지만, 강점과 기회는 굉장히 찾기 어려워한다는 점이다. 이런 현상은 직장인들이라고 다르게 적용되지 않는다. 현재 보유하고 있는 지식, 기술을 말하기 부끄러워하거나 힘들어한다. 오히려 본인의 결핍은 장황하게 설명을 늘어놓는다. 분명 겸손과는 조금 다른 의미이다.

새로운 조직에 입사한 경력 사원들은 SWOT 분석의 각 영역에 대해 비교적 명확하게 기술하고 설명한다는 점이 재미있다. 새로운 일터로 옮기면서 본인의 현재 상황과 앞으로의 경력에 대한 고민을 깊게 해봤기 때문이라고 생각한다. 이와 같이 본인을 세상이라는 시장에 내놓은 상품이라 가정하고 스스로의 가치를 객관적으로 바라볼 필요가 있다.

SWOT 분석에 담을 내용들

Strength(강점)
성격의 장점
비즈니스 역량
개인적 경험
학업적/사회적 성취
취미, 특기, 자격증

Weakness(약점)
성격의 단점
학력, 학점, 자격증
나이, 공백 기간
경제적 여건
신체, 외모, 핸디캡

Opportunity(기회)
조직 내 기회
학교 내 기회
대외적 기회
가족, 친지
동호회, 동아리

Threat(위협)
노동, 산업 환경
학교, 교육 환경
국가, 사회 환경
경쟁 사회
글로벌 환경

필자의 SWOT 분석 예시

Strength(강점)
긍정적, 적극적
상담 능력
다양한 아이디어
말하기, 글쓰기

Weakness(약점)
꼼꼼함이 부족
강박증
숫자에 약함
편식

Opportunity(기회)
주변의 성공 모델
폭넓은 수익 모델
대외 인지도 상승
워크샵 개최 기회

Theat(위협)
치열한 경쟁 시대
긴 출퇴근 시간
지방대, 학력 부족
불안한 입지

결론/도출점
긍정적인 에너지를 바탕으로 리더로서 조직 내에서 성과를 창출하고, 강의와 글쓰기를 병행하며, 지속적으로 학습하고 개발한다.

강점, 약점, 기회, 위협의 '교집합 지점'을 지식 근로자의 영역으로 볼 수 있다. 자신을 내부, 외부 시각에서 분석한 것의 결정체이기 때문이다. 진정한 지식 근로자란 자신의 재능으로 최상의 성과를 발휘하기 위해 지금 이 순간에 모든 에너지를 발산하는 사람이라고 정의할 수 있다. 오케스트라의 단원으로서는 '나만의 악기를 가지고 최상의 연주를 통해 지금 모든 에너지를 발산하는 사람'이라 하겠다. 병원의 의료인으로서는 '나만의 의료 기술과 서비스를 바탕으로 환자의 회복을 위해 정성스럽게 돌보는 사람'이다. 진정한 지식 근로자가 되기 위해서는 본인의 전문성이 무엇인지, 본인이 할 수 있는 가치 있는 업무가 무엇인지, 그에 따른 이상적인 성과는 무엇인지 등에 대한 고민을 철저히 해야 한다.

그대 자신을 비추는
등불이 되라.

Act upon y

chapter 2

세상 밖으로의
열렬한 행진

ur vision!

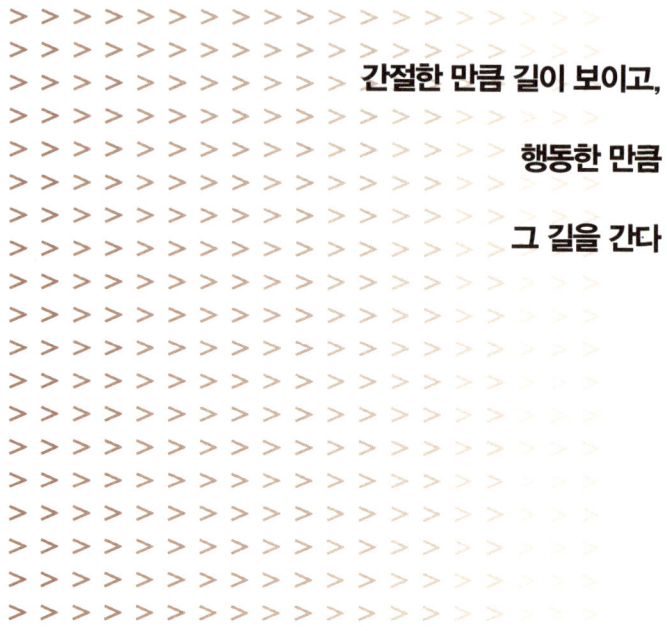

간절한 만큼 길이 보이고, 행동한 만큼 그 길을 간다

자기 계발 도서를 읽으면서 항상 의문을 품었던 문장 하나가 있다.

'간절히 원하고 상상하면 이루어지리라.'

정말 그런가? 간절히 원하고 상상만 하면 모든 것이 이루어질까? 이 문장을 2가지 측면에서 정확히 파악해 보고자 한다.

첫째, 많은 젊은이들은 원하는 바와 되고 싶은 것이 있다. 하지만 몇 가지 질문을 던져 보면 바닥이 드러나고 만다.

"저는 글로벌 컨설턴트가 되고 싶습니다."

"멋진 생각이다. 해외 고객사의 현상을 분석해 문제점을 도출하고 해결책을 제시해 주는 일을 하고 싶은 거로군."

"네, 그런 일을 하고 싶습니다."

"그러면 다양한 문제 해결 방법 및 프로세스에 대한 공부를 꾸준히 하고 있겠지?"

"경영학과라 전략에 대한 공부를 많이 하였고, 프로젝트 경험도 많이 있습니다."

"그렇군. 영어는 기본적으로 유창하게 잘하겠네?"

"영어는 잘 못합니다."

"그렇다면 글로벌이라는 수식어는 어울리지 않는다. 그냥 컨설턴트가 되고 싶은 것이지."

되고자 하는 것이 있어도 넘어야 할 장애물과 대비책에 대한 고민을 대부분 놓치고 있다. 진정 원하는 것을 이루고 달성하기 위해 반드시 겪게 될 고난과 역경까지 함께 고민해야 한다. 원하는 것을 얻기 위해 풀어야 할 숙제, 해야 할 일을 명확히 정해야 진정한 해결책을 마련하는 것이다. 뒤에서 언급할 구체적인 목표 수립의 필요성과 자연스럽게 연결되는 부분이기도 하다.

둘째, 자기 계발서 작가들에게 거꾸로 묻고 싶다. 환상적인 이상형을 간절히 원했으나 아직 장가를 못 간 친구, '꿈의 직장'만을 찾다가 아직 취업을 못 하고 힘들어하는 친구 들에게는 어떻게 설명하겠는가?

분명 그들은 간절히 원했고 상상했다. 도박에 빠져 패가망신한 사람들조차 간절히 원하고 상상하며 도박에 전념했을 것이다. 여기서 중요한 건 바로 그뿐이라는 점이다. 심리학에 '소망적 사고'라는 용어가 있다. 바라는 마음이 강하면 강할수록 점점 가능한 일처럼 보이게 된다는 개념이다. 단, 현실과 충돌해 좌절하기 전까지의 이야기이다. 소망적 사고라고 불리는 자기기만의 형태는 실제로 큰 효과가 없다.

 한 소녀가 사람들에게 사랑받는 연예인이 되기를 바란다. 바람이 크면 클수록 가능한 일처럼 보인다. 그러다가 마침내 정말 그렇게 되리라고 스스로 확신을 갖는다. 바라는 일이 실제와 부합하리라는 착각에 빠져 실존하는 장애 요소들이 무엇인지 제대로 검토도 하지 않는다. 막연한 희망과 꿈이라는 이름으로 결정을 내리다 많은 시간과 돈을 허비하게 된다.

 장애를 극복하고 해결책을 찾아가는 과정에서 자신의 모습을 스스로 인식해야 비로소 오랫동안 지속될 진정한 성취감을 느끼게 된다. 물론 소망적 사고가 가지는 긍정적인 면도 있다. 그러기 위해서는 세상 밖으로 열렬한 행진을 하기 위한 구체적인 목표가 있어야 한다. 그 구체적인 목표에는 반드시 보편타당함이 녹아 있어야 한다. 비전이란 보편타당함과 개인의 개성을 모두 포함한 개념이기 때문이다.

나는 월급쟁이인가, 월급 장인인가?

필자가 가장 듣기 싫어하는 말 중에 하나가 '샐러리맨'이다. 다른 말로 봉급쟁이라는 말이다. 마치 한 개인을 조직의 부속품 수준으로 취급하는 듯하며, 스스로는 통제하지 못하고 조직의 목적과 지시만 따라야 하는 존재로 여기게 만든다.

"도대체 회사가 내게 해준 것이 뭐가 있어?"

"우리 애들 분윳값 생각해서 버티고 다니는 거다."

"로또만 당첨되면 지긋지긋한 회사와는 안녕이다!"

"이놈의 회사는 맨날 무슨 활동들을 이렇게 자주 추진하는지 몰라. 모두 경영진들을 위한 일 아닌가?"

이제는 조직과 관계를 맺음에 있어 새로운 패러다임을 가질 필요가 있다. 물론 '바위에 계란 치기 아닌가요?'라고 반문할 수도 있다. 여기서 중요한 전제 조건이 있다. 조직과의 관계를 재조정할 필요가 있다는 의미이지, 조직과 맞붙어 싸워서는 절대 안 된다. 실제로 조직과 맞붙어서 자신을 망치고 가족까지 힘들게 하는 경우가 종종 있다. 궁극적으로 견지하고 지향해야 할 태도는 조직의 가치만큼이나 본인의 가치도 소중하게 여길 줄 아는 것이다.

학교에는 교훈이 있고, 교실에는 급훈이 있다. 조직에서는 경영 철학이 그 역할을 한다. 조직은 미래 경쟁에서 승리하기 위해 현재의 연장선상이 아닌 미래로부터의 전략 설계가 필요하다. 때문에 현재의 경쟁을 바탕으로 미래를 준비하는 활동을 전개한다. 조직에서 끊임없이 외치는 경영 철학, 비전 등을 두고 남의 일처럼 방관하는 사람들이 있다. 조직은 구성원들을 한 방향으로 이끌어 줄 무언가가 반드시 필요하다. 그것을 기준 삼아 조직 내 행동을 취하며 다른 팀과 협력사, 나아가 고객들과 소통하여 성과를 창출한다.

우리도 자신만의 가치관을 바탕으로 한 행동 기준을 가지고 있으면서 조직의 가치와 연결 지어 보아야 한다. 조직의 가치만큼이나 소중히 여길 줄 알아야 한다는 것이다. 개인의 행복과 비전 없이 본인이 속한 조직의 성장만을 기대한다면 안타까운 일이라 하겠다. 우리는 조직의 부속품이 아닌 진정한 파트너로서 역할을 맡아야 한다. 월급만 기다리며 생활하는 봉급쟁이여서는 안 된다. 자신의 전문성을 끊임없이 갈고닦아 세상으로부터 인정받는 월급 장인으로 거듭나야 한다.

인간의 평균 수명은 지속적으로 늘어 가는 반면, 조직의 평균 수명은 상대적으로 짧아지고 있다. 의학 기술의 발달에 따라 불치병으로 알려진 다양한 병들이 하나씩 극복되는 반면, 조직은 경쟁의 소용돌이에 점점 빠져들고 있다. 강한 자가 살아남는다가 아니라 살아남는 자가 강한 자라는 말이 나올 정도가 되었다. 이런 세상의 변화 속에서 더욱 빛을 발휘하는 것이 장인 정신이다.

장인 정신은 조직이든 개인이든 '이상적인 미래에 대한 정신적 모델'이다. 진정으로 가치 있게 생각하는 일, 업무, 직업 등을 찾아야 하고, 한 발 더 나아가 개발까지 해야 한다. 여기저기 떠돌아다니는 민들레 홀씨처럼 이직을 쉽게 생각하지 말라. 진정으로 즐겁게 잘할 만한 일과 직업을 찾으려 노력한다면 자신을 위한 개발까지 확보할 수 있다.

조직 내에서 끊임없는 자기 탐색과 개발을 통해 진정한 전문성을 확보한 사례가 많다. 그렇게 해서 조직과의 관계가 종속적이지 않고 상보적인 관계가 될 수 있었다는 성공담을 워크숍을 통해 많이 들었다. 끊임없이 변하는 세상의 흐름을 직시하고, 조직이 추구하는 비전과 자신의 비전을 함께 고민하며, 시너지를 낼 수 있는 교집합 부분에 더욱 큰 에너지를 쏟았다는 공통적인 이야기였다.

월급 장인! 그들은 조직과의 진정한 파트너십 형성을 지향한다.

나만의 인생 고객을 찾아서

"**어서** 오세요, 고객님. 또 오세요, 고객님."

시장은 사업의 기본이다. 시장의 흐름을 잘 따라잡는 기업은 성공하기 마련이다. 한 마케팅 교수의 조언이다.

"마케팅과 영업에 관련된 시험에서 주관식 문제의 답을 모를 경우 무조건 '시장'이라고 쓰면 한 문제는 맞힐 수 있습니다."

넓은 의미로는 시장을 '하나의 살아 있는 유기체'라 말할 수 있고, 좁은 의미의 한 단어로 정의한다면 '고객'이 될 것이다. 미국 온라인 판매 기업 재포스는 무려 7시간 28분 동안 고객과 통화한 직원을 우수 사원으로 포상했다고 한다. 근무 시간 내내 통화해서 신발 하나를 팔았다면 당장 해고 대상이 될 수도 있는데 말이다. '행복을 포장해 드립니다'란 모토를 실천하는 재포스의 토니 셰이라는 대표는 고객을 기업에 맞추지 말고 기업이 고객에게 맞춰 줘야 한다고 주장했다. 아마도 전화하는 동안 재포스는 고객의 마음을 행복으로 포장해 주었던 것이 아닐까?

여러분 인생에서 고객은 누구인가? 필자의 인생 고객은 '지속적인 학습을 통해 성장과 행복을 추구하는 사람'이라고 나름대로 정의한 젊은이이다. 직무와 연관된 고객만 찾기보다는 전체 업무 활동의 흐름과 과정 속에서 유연한 마음으로 인생 고객을 찾는 방법도 있다. 필자 같은 경우는 그룹 연수원에서 교육 업무를 담당하고 있으니, 조직 내 모든 직원들이 고객이 될 수 있다. 연수원

내에서 만나는 강사, 연수원 조경을 도와주는 분, 보안을 책임지는 분, 식사를 준비하는 분, 청소를 도와주는 분 모두가 고객이다.

"저는 제가 좋아하는 일을 하면서 돈도 많이 벌고 싶어요."

멋진 다짐이다. 사람이면 누구나 추구하는 목표일지도 모르겠다. 여기서 중요한 포인트가 있다. 좋아하는 일과 하고 싶은 일의 차이점이다. 결론부터 말하자면 하고 싶은 일은 좋아하는 일보다 상위 수준의 개념이다. 좋아하는 일은 보통 하기 편하지만, 그만큼 싫증도 금방 나고 핑계를 되기 쉬운 일일 가능성이 높다. 하고 싶은 일은 이것이 아니면 안 된다는 명확한 이유가 있고 가치가 높은 일이다.

춤추고 노래하는 것이 좋다고 무작정 오디션 프로그램에 나와 준비 없는 모습을 보이는 지원자들이 있다. 그들에게 따끔한 조언을 해주는 프로 가수와 프로듀서를 보면서 느끼는 바가 크다. 어제 잠을 충분히 자지 못해 목 상태가 좋지 않다고 한 번 더 기회를 달라며 조르는 참가자도 있다. 안타까운 일이지만, '하고 싶은 일을 한다는 것'은 앞에서 언급한 대로 넘어야 할 장애물을 위한 대비책, 해결책까지 고민한다는 의미이다.

어느 작가의 이야기이다.

"나에게서 펜을 빼앗아 간다면 나의 모든 것을 빼앗아 가는 바와 다름없다."

적어도 이 정도의 마음가짐을 가져야 하고 싶은 일이 탄생하지 않을까! 무엇과도 바꿀 수 없는 나만의 것, 누구보다 잘해 보고 싶은 것이 되어야 인생 고객들과 소통하게 된다. 이제는 여러분의 인생 고객을 찾을 차례이다. 여러분의 능력과 재능으로 만들어 낸 제품, 콘텐츠, 상품 등을 세상에 제공했을 때 그 가치를 누릴 수혜자가 바로 고객이 될 것이다. 지시를 받아 일이 이루어진다는 수동적인 자세에서 직접 무언가를 제공한다는 적극적이고 진취적인 자세로 변하는 순간을 상상해 보자.

'배움을 통해 삶의 변화와 행복을 추구하는 사람'이 인생 고객이라면 그들을 위해 무엇을 제공해야 할까? 조직 내에서는 조직 구성원들에게 필요한 교육 과정을 기획, 개발, 운영, 강의하는 모든 것이 해당된다. 개인적으로는 지금 집필 중인 책이 될 수도 있다. 인생 고객에 대한 정의를 명확하게 할수록 '하고 싶어 하는 일과 돈의 관계'도 명확해지고 목표 또한 뚜렷해짐을 경험한다.

워크숍에 참여한 한 참가자의 멋진 인생 고객이 떠오른다.

"내 인생의 고객은 마네킹입니다. 제가 어떠한 콘셉트를 가지고 마네킹에게 의상을 입히느냐에 따라 길 가는 사람들의 발걸음이 멈추기도 하거든요. 저의 비전은 베스트 의상 디스플레이어입니다."

이 참가자가 진정 하고 싶은 일을 하고 있음은 자명하다. 앞으로 돈도 많이 벌 것이라고 다른 참가자 모두가 공감했다. 여러분의 핵심 가치와 강점을 용광로에 넣고 정수를 뽑아내어 세상에 내놓았다고 하자. 그 제품이나 서비스의 혜택을 누리게 될 대상이 누구일지 꼭 생각해 보기 바란다.

직장에서의

3+1

존재 방식

사람들은 자기만의 독특한 스타일을 가지고 삶을 영위해 나가고 있다. 얼굴의 생김새만큼이나 다양한 자기만의 스타일을 가지고 있다고 해도 과언이 아니다. 그 다양함 속에 우리가 지향해야 할 기본적인 룰은 반드시 있기 마련이며, 궁극적으로 추구해야 할 존재 방식 또한 드러난다. 꼭 해야 할 중요한 일을 대하는 태도, 삶을 바라보는 관점을 기준으로 사람들의 스타일을 크게 다음과 같이 3가지로 구분해 보고자 한다.

① 반응 및 행동주의자

반응과 행동에 강한 사람들이다. 기본적으로 개인보다는 조직이 우세하다고 여기며, 자기 계발의 목적은 약점을 보완하는 것이라 생각한다. 인간관계에서는 사람들과 어울리는 방식을 선호하며, 직장 사람들에게 술 한잔 사는 돈을 아까워하지 않는 편이다. 직급이 높거나 조직 생활에 대한 경험이 많은 사람일수록 강하게 나타난다.

반응 및 행동주의자의 두드러진 장점은 다음과 같다. 어떤 문제가 조직에 발생했을 때 더욱 힘을 발휘하며, 그만큼 현실 파악 능력이 뛰어나다. '당신은 어디에 가더라도 살아남을 사람'이라는 말을 종종 듣는다. 현실 적응 능력이 뛰어나 서바이벌에 강한 면모를 보여 준다.

추진 능력이 뛰어난 사람이기도 하다. '어떤 일이든 내가 하기에 달려 있다'는 강한 신념을 가지고 있으며, 어떠한 부서에 소속되더라도 주인 의식이 투철하다. 특히 직장인의 경우 '평생직장도 나 하기 나름'이라는 의지로 조직에 대한 충성도가 높다.

경험상 60명 정도의 교육생을 기준으로 하면 약 20% 정도가 반응 및 행동주의자에 속한다. 이런 유형의 사람들은 강점에 좀 더 초점을 맞추고, 조직만큼이나 개인의 소중함을 인식할 필요가 있다. 일을 통한 자기실현의 중요성을 이해한다면 더욱 행복한 삶을 누릴 것이다.

② 자기계발주의자

그들의 화두는 '자기 계발'이다. 워크숍 참가자 중 가장 많은 비율인 약 70~75%가 자기계발주의자에 속한다. 학습 능력이나 업무 능력을 키우는 데 필요한 시간과 금전적 투자를 아끼지 않는 특징을 가지고 있다. 책에 대한 욕심이 강하며, 각종 세미나와 워크숍을 직접 찾아 참여하기도 한다. 세상의 변화와 환경 변화에 민감하며, 오늘은 무엇을 해야 할지에 대한 고민으로 하루를 시작한다. 학습에 대한 작은 성공담들을 가지고 있어서 나름대로의 학습 노하우를 다른 사람과 공유하기를 꺼려 하지 않는다. 지식 근로자를 지향하는 대표적인 모습이기도 하다.

학생들의 경우 현재 모습과 자신이 지향하는 미래 모습에 많은 차이가 있음을 느끼게 된다. 그러면 간혹 자책감으로 연결되기도 해 많은 스트레스를 받기도 한다. 긍정적인 모습도 있다. '업무 시간이 자기 계발 시간입니다'라며 자신 있게 본인이 하는 일을 자기 계발과 일치시켜 뿌듯해하는 사람들이 있다. 직장 개념보다는 직업 개념에 더욱 충실한 사람이라 하겠다.

③ 사내기업주의자

조직의 모든 자원을 활용하여 기업가적 능력을 개발하려는 사람들이다. 본인의 일터를 '일을 하면서도 관련된 자원을 활용하고 시도해 볼 수 있는 장소'로 여기며, 학습 능력이 뛰어나고, 성과를 중요하게 생각한다. 현재 자기 주변에 있는 인적 자원, 시장 전략, 기술력 등이 핵심 자원임을 알고 끊임없이 탐구하고 적용해 보는 사람들이다.

이미 40% 이상의 사람들이 직장이 아닌 다른 형태로 경제 활동을 하고 있는 시대이다. '경제 활동은 곧 직장 생활'이라는 생각에 사로잡혀 있는 사람은 작은 구멍 사이로 견과류를 꽉 쥔 주먹을 꺼내지 못하는 모습과 유사하다고 생각한다.

직장 생활을 하고 있는 사람은 절대 경솔한 행동을 해서는 안 된다. 책임감이 있는 사람은 행동을 가볍게 하지 않는다. 그들은 상황에 의한 희생자로 남아 있지 않는다. 항상 무엇을 해야 하는지 고민하고 행동으로 옮기는 사람들이다. 자신의 열정과 강점을 발휘할 또 다른 업무를 찾아내는 일에 부지런하다.

이상 3가지의 모습 중 누가 더욱 훌륭하다고 말할 수는 없다. 자신의 존재 방식을 정확히 먼저 이해하고 구체적으로 목표를 세워 노력한다면 나만의 성공 방식을 찾을 수 있을 것이다.

비전Vision을 '마음속의 나침반', '마음속의 지렛대'라고도 표현한다. 비전에 입각한 삶을 영위하는 비전형 존재 방식을 제안한다. 어떠한 일을 하든, 어디에서 생활을 하든, 어떤 공부를 하든 자신만의 철학을 가지고 있어야 한다는 것은 무척 중요하다. 그래야 언제, 어디에서도 흔들리지 않는다.

비전은 미래의 모습으로만 보이기도 하지만, 반드시 현재를 통해서만 구체화될 수 있다. 비전은 어려울수록 힘을 발휘해 주는 역할을 한다. 미래에 닥칠지 모르는 위기와 장애에 대비해 오늘 무엇을 유지하고 반대로 과감히 포기해야 하는지 정확히 알려 주기 때문이다.

비전으로부터

시작되는

모든 변화

동기는 '행동을 일으키게 하는 내적인 직접 요인의 총칭', 혹은 '어떤 일이나 행동을 하게 만드는 계기', '모티브' 등 다양한 사전적 의미를 가지고 있다. 성공이나 성취 같은 멋진 꿈을 이루는 것은 아주 매력적이어서 어렵지 않게 동기를 가질 것이라고 말하는 사람이 있다. 실제로 꾸준히 계속해서 노력하는 사람들은 동기를 가지기가 얼마나 어려운지 잘 알고 있다. 동기는 유명한 스포츠 스타나 판매왕들이 얘기하는 마술과 같은 것이 아니다. 자신을 위해 가장 잘 발휘할 수 있는 하나의 전략과도 같다. 필요할 때면 언제든지 꺼낼 그런 것이다.

평소에 가지고 싶었던 비싼 가전제품을 매장에서 봤다고 상상해 보자. 사실은 그보다는 떨어지지만 유사한 제품을 두 달 전에 이미 구입했다. 이럴 때 필요한 것은 충동구매를 막는 전략이다. 다시 하루가 다르게 불어나는 허릿살을 상상해 보자. 운동을 해야만 한다. 운동을 하려면 운동복도 구입해야 하고, 시간도 들여야 하고, 평소 음식도 조절해야 한다. 이처럼 바라는 결과를 쉽게 얻을 수 있다는 생각과는 달리 현실은 그렇게 쉽게 허락해 주지 않는다.

동기에는 '시발始發 동기'와 '유지維持 동기'가 있다. 시발 동기는 도달하고자 하는 최종 목적지를 생각했을 때 힘이 나는 현상에 가깝다. 여행을 상상하면 갑자기 기분이 좋아지는 느낌, '글로벌 동기 부여가'가 된 미래의 모습을 상상하면 황홀한 기분이 드는 느낌 등이다. 유지 동기는 그런 모습을 갖추기 위해 겪게 될 장애물, 고난, 역경까지 생각하는 것을 말한다.

'지금'에 집중하는 것이 유지 동기의 핵심이다. 성공적인 해외여행을 위해서는 날씨나 그 나라의 문화에 맞게 준비해야 할 것들이 있고, '글로벌 동기 부여가'라는 말에 걸맞은 수준이 되려면 끊임없는 자기 노력과 학습이 뒷받침되어야 한다. 자신이 원하는 사람이 되려면 하고 싶지 않은 일을 지금 해야만 하고, 주변으로부터 듣고 싶지 않은 말들을 지금 들어야만 하고, 만나고 싶지 않은 사람들도 지금 만나야 하는 경우가 있다. 때로는 원하지 않은 일들도 거뜬히 해내야 진정 원하는 일을 할 수 있다.

석유로 엄청난 부를 만든 해럴드슨 헌트의 성공 비결은 무엇일까? 그가 말하는 성공 비결은 다음의 두 가지이다. 첫째, 자기가 원하는 바가 무엇인지 명확히 결정하는 것이다. 대다수 사람들은 어정쩡하고 어설픈 목표를 가지고 있다. 둘째, 그것을 얻기 위한 대가를 정한 뒤 그 대가를 지불하겠다고 결심하고 행동하는 것이다.

심리학자 리처드 와이즈먼이 한 실험이 있다. 그는 거울을 앞에 둔 상태로 음식을 마음대로 먹게 하면 건강에 좋지 않은 음식을 먹는 양이 32%나 줄어든다는 사실을 확인하였다. 거울에 비친 모습을 보면서 먹으면 자신의 몸과 행동을 의식하게 되어 건강에 좋은 음식을 골라 먹기 때문이라고 한다. 스스로의 모니터링 작업을 통해 유지 동기를 발휘하는 것과 일치한다. 유지 동기를 발휘하기 위한 자신만의 노하우를 찾아보자.

Mission Impossible
↓
Mission I'm possible

인류 사상 최초로 달에 발자국을 남긴 닐 암스트롱이 2012년 8월 25일 세상을 떠났다. 1969년 달에 인간이 착륙하는 역사적인 일이 발생한다. 이전에 한 번도 이루지 못했던 위대한 결과를 어떻게 얻었을까? 어떻게 모든 자원들을 조직화하여 훌륭한 성과를 내었을까?

그 비결 중 하나가 케네디 대통령의 구체적인 목표라고 한다. '1960년대가 끝나기 전에 달에 다다르는 꿈을 이루어 보자!'며 나라와 국민이 하나의 목표, 사명을 수행하기 위해 결집했고 마침내 실현시켰던 것이다.

안타깝게도 어떤 사람들에게서는 사명감을 찾아보기 힘들다. 그들에게는 단지 일만이 있을 뿐이다. '나는 학교에 다닌다', '회사에 다닌다'는 말로 자신이 하는 일을 제한해 버리고 만다. 놀라운 사실은 지식 근로자로서의 삶을 지향해야 하는 사람들조차도 이러한 한탄의 소리를 끊임없이 해댄다. 콜센터 직원은 "이 업무는 매일매일 내 감정을 갉아먹어요"라고 하며, 접수처 직원은 "내가 하는 일은 아무나 할 수 있는 일이에요"라고 말한다. 대기업 사원은 "저는 회사의 부속품에 불과합니다"라고도 말한다.

일에 대해 불만을 가진 사람들의 특징은 본인의 삶을 이분법적으로 보고 있다는 것이다. 월급을 타기 위해 일하는 시간과 그 외에 즐기는 시간 등 2가지로 구성된 시간 프레임을 가지고 있을 확률이 높다. 학창 시절부터 수업 시간과 쉬는 시간에 익숙해져 있어서 그럴 수도 있겠다는 생각이다. 위대한 성취를 한 사람들은 일과 놀이라는 이분법을 완전히 초월한다. 우리들은 일이 아닌 소명을 찾아야 한다. 소명은 위대한 목적, 사명mission이라고 부를 수 있다.

여훈이 쓴 《최고의 선물》의 한 내용을 소개하고자 한다.

'어쩌면 태어나기 전부터 신은 각자의 가슴속에 서로 다른 꿈을 이미 심어 놓았는지도 모른다. 다만 세상에 나오는 순간 그것을 잊어버렸을 뿐이다. 잊어버린 꿈을 찾아 나서는 긴 여정, 그것이 바로 인생일지도 모른다. 따라서 각자의 꿈을 찾고 그것을 키우는 일은 선택 사항이 아니라 반드시 해야 하는 소명이다. 그리고 신은 이따금씩 고난과 시련의 형태로 숙제 검사를 하기도 한다. 가슴속에 꿈이 자라고 있다면 쉽게 극복할 것이고, 그렇지 않다면 힘없이 무너질 것이다.'

큰 용광로 속에 자신의 '핵심 가치'와 '강점'을 넣고 '열정'이라는 위대한 불을 지펴 자신만의 사명을 찾아내야만 한다. 간혹 사명이라는 것이 너무 어렵기도 하고 자신에게 있으리라는 생각조차 하지 못했다는 사람도 있다. 전혀 그렇지 않다. 여러분은 지금까지 수많은 것을 이루었고, 많은 것들을 훌륭하게 배워 왔다. 사명의 골격이 될 핵심 가치를 여러분도 곧 찾게 될 것이다.

인생은 비전 실천 및 성찰의 연속

인생을 '끊임없이 발생하는 문제의 연속'이라고 정의하기도 한다. 사람과 업무에 관련된 작은 문제부터 인생에 직접적인 영향을 줄 큰 문제까지 다양한 문제가 발생한다. 지금의 한순간 한순간이 문제를 해결해 나가는 하나의 과정이다. 그런 의미에서 지금 이 순간에 최선을 다해야 하는 당위성이 생긴다.

흔히 범용되고 있는 문제 해결 프로세스를 살펴보면 다음과 같다.

문제 인식 → 문제 정의 → 문제 분석(가설 설정) → 문제 해결책 탐구(가설 검증) → 실행 → 피드백

발생한 문제 자체에 대한 인식을 먼저 하고, 지금의 상황과 기대하는 상황 등을 함께 고려하여 문제의 범위를 좁혀 나간다. 이때 실제로 도출하고 싶은 아웃풋 output까지 생각해 본다. 그 다음 어떠한 분석 도구를 통해 문제를 분석할지 결정하게 되며, 몇 가지 가설도 수립하게 된다. 그 후 다양한 분석과 연구를 통해 나온 결과를 바탕으로 가설을 검증하고, 구체적인 실천 계획을 수립한다. 끝으로 그 실천에 대한 피드백을 꾸준히 한다.

여기서 가장 중요하고 어려운 것이 문제 인식 및 문제 정의이다. 자신이 모른다는 사실 자체를 아는 사람은 배울 수 있는 사

람이다. 자신이 모른다는 것조차 모르는 사람은 배울 수 없는 사람이다. 얼마나 많이, 또한 무엇을 모르는지 제대로 인식하는 것이 매우 중요하다. 문제 자체를 정의하기가 문제를 해결하기보다 가치가 있다고 말할 수 있다.

'포정해우庖丁解牛'라는 고사 성어가 있다. 《장자莊子》에 나오는 말로, 솜씨가 뛰어난 포정이 소의 뼈와 살을 발라낸다는 뜻이다. 기술이 매우 뛰어남을 비유하는 말로 사용된다.

포정은 부엌에서 일하던 일꾼으로 소 잡는 일을 도맡아 했다. 포정이 소 잡는 광경을 본 문혜군文惠君은 마치 춤을 추는 것 같다며 크게 감탄했다. 소는 몸집이 매우 크고 포정은 체구가 작았지만, 손길이 닿을 때마다 소의 관절에서는 음악을 연주하듯 각종 소리가 났다. 포정이 소를 잡을 때에 칼을 놀리는 동작은 춤을 추는 듯한 착각을 불러일으킬 정도였다. 문혜군이 포정의 놀라운 솜씨에 탄복하자 포정이 말했습니다.

"기술이라기보다는 그보다 한 단계 높은 단계, 아마도 도의 경지에 도달했다고 생각합니다. 처음 소를 잡을 때는 눈앞에 있는 소 한 마리를 어떻게 해야 할지 난감했습니다. 3년이 지나고 나서야 마음으로 보는 법을 터득하게 됐습니다. 그러자 눈앞에 놓인 소가 더 이상 완전한 소 한 마리가 아니었습니다."

일반 요리사는 한 달에 한 번씩 칼을 교체한다고 한다. 뼈를 자르기 때문이다. 솜씨가 좋은 요리사는 1년에 한 번씩 칼을 교체한다고 한다. 고기를 자르기 때문이다. 포정의 칼은 19년을 사용했는데도 방금 숫돌에 간 칼처럼 이 하나 나가지 않고 매우 날카로웠다고 한다. 그는 소의 골격과 소마다 조금씩 다른 특징까지도 모두 파악하고 있었다. 소의 뼈 사이사이 충분히 벌어진 틈으로 얇은 칼을 넣어 자유자재로 움직였던 것이다.

포정은 소를 잡을 때마다 신중에 신중을 기했다고 한다. 포정은 소의 구조를 완벽하게 알고 있어서 가장 중요한 부분을 가르고, 남은 부분도 순서대로 분해했다. 장자는 포정을 이렇게 묘사했다.

"칼을 들고 서서 사방을 둘러보다가 자신이 한 일에 만족하며 칼을 씻어 제자리에 정리했다."

조신영의 《성공하는 한국인의 7가지 습관》을 보면 동양뿐만 아니라 서양에도 비슷한 이야기가 있다. 캐나다 벌목공들은 베어 낸 나무를 강가에 쌓아 두었다가 물 흐름에 따라 하류로 흘려보낸다고 한다. 이때 강폭이 좁은 지점에 이르면 유속이 빨라지면서 통나무들이 서로 병목 현상을 일으켜 아래로 내려가지 않는 경우가 생긴다고 한다. 이를 '로그잼logjam'이라고 하는데, 초보 벌목공은 로그잼 상황을 만나면 어디부터 어떻게 손댈지 몰라 헤맨다고 한다. 노련한 벌목공은 당황하지 않고 상황을 분석하여 수많은 통나무 중 딱 하나를 골라 큰 망치로 집중 가격한다. 그 결과는 놀랍다. 신기하게도 한 개의 통나무를 쳤을 뿐인데도 나머지 통나무들까지 스르르 풀려 버린다. 그 하나의 통나무를 '킹 핀king pin'이라고 부른다. 볼링을 칠 때도 킹 핀만 잘 가격하면 스트라이크를 얻을 수 있다.

위의 두 이야기와 비전 수립 프로세스의 핵심은 많은 공통점을 갖고 있다.

성찰을 통한 자신 바라보기 → 나의 자원을 분석하여 핵심 가치 도출 → 미션, 비전 수립 → 구체적 목표 수립 → 실행 → 성찰

하루하루를 어떻게 생활하고 있는지에 대한 점검, 앞으로 무엇을 하고 싶고 잘해 낼 수 있을지에 대한 고민을 충분히 하는 것이 관건이다. 실제로 사용하고 있는 중요한 자원들(시간, 돈, 사람)을 분석하여 자신의 핵심 가치를 도출하고, 그것을 바탕으로 미션과 비전을 수립하게 된다. 또한 구체적으로 어떻게 실천으로 옮길지에 대한 목표와 계획도 수립하게 된다. 긍정적이고 적극적으로 목표를 실천해 나간 후 점검의 시간, 즉 피드백 시간을 가지게 되는 것이다.

인생은 문제 해결을 위한 노력의 연속이라고 생각한다. 문제 해결과 비전 수립은 아주 유사한 프로세스를 가지고 있다. 이처

럼 인생은 멋진 비전에 대한 지속적인 실천 및 성찰의 연속이라고도 하겠다.

책임감이 있는 사람은
행동을 가볍게 하지 않는다.

A c t   u p o n   y

chapter 3

인생의 VIP^{Very Important Property} 를 통한 미션/비전 작성

ur vision!

핵심 가치를 구성하는 3요소

비전 수립을 위해 필요한 주재료의 집합체가 바로 '가치value'라는 것이다. 가치는 인생을 측정하는 척도이기도 하다. 가치를 통해 취해야 할 행동과 피해야 할 행동이 결정된다는 것이다.

세계적으로 유명한 천재 물리학자 아인슈타인이 임종을 앞두고 있자 많은 취재진들이 몰려들었다. 취재 기자 중 한 기자가 물었다.

"인생을 다시 살고 싶다면 어떠한 일들을 하고 싶습니까?"

"내가 다시 인생을 살게 된다면 더욱 재미있게 살고 싶소."

그 누구도 위와 같은 질문에 '좀 더 고민을 많이 할걸 그랬어' 같은 대답을 하지는 않을 것이다. 오히려 '가족이나 친구들과 즐겁게 지냈으면 좋았을 텐데'라고 대답하거나, 자신이 체험한 다양한 성공담과 도전 따위를 이야기할 것이다. 결국 돈이나 권력, 사회적 지위, 명예 같은 것들보다 근본적인 가치에 대해 이야기할 가능성이 크다. 그럼 멋진 비전을 세우기 위한 가장 중요한 재료, 즉 핵심 가치를 구성하는 요소 3가지를 꼽아 보자.

첫째는 누구에게나 주어진 '시간'이라는 자원이다. 시간만큼은 지위, 학벌, 명예에 구애를 받지 않는 평등한 조건이라고 생각한다. 사람들은 보통 모두에게 평등한 시간에서 사회에 도움이 되는 가치 있는 결과물을 만들어 내는 사람과 그렇지 못한 사람으로 나뉜다. 스스로 각자 사용하고 있는 시간의 용도를 파악해 볼 필요가 있으며, 그 시간이 나에게 주는 의미와 가치를 도출해 보는 연습을 해야 한다.

둘째는 너무나도 중요한 '돈'이라는 자원이다. 돈으로 기본적인 욕구를 해결할 수 있으며, 가족의 행복이나 자기 계발도 추구할 수 있다. 그렇다고 돈만을 위한 사회 활동은 오히려 스스로를 구속하기 마련이고, 사회에도 악영향을 끼치게 된다. 마찬가지로 돈이 자신에게 주는 의미와 가치를 생각해 볼 필요가 있겠다.

마지막으로 주변에 항상 있는 '사람'이라는 자원이다. 사람들은 관계 속에서 태어나고 커 왔으며, 그 관계 속에서 행복과 가치를 추구한다. 하지만 모두가 좋은 영향력을 줄 수만은 없다. 때로는 멀리해야 할 사람도 있으며, 사회에서 격리시켜야 할 사람들도 분명 있다. 주변을 잘 살펴보면서 자신에게 긍정적인 영향력을 주는 스승, 선배, 동료, 친구, 후배, 동생이 누구인지, 그들로부터 배울 것들은 무엇인지 깊게 생각해 볼 필요가 있다.

핵심 가치를 구성하는 3요소는 조직의 생존을 위해 필수인 항목과 일치한다. 특히 지금과 같은 'L자형' 경기 침체기 속에서 시간, 돈, 사람은 기업 전략의 키워드로 꼽히고 있다. 기업의 생존을 위해서는 '끊임없는 연구 개발 투자'라는 돈이라는 키워드가 필요하며, '선제적 투자 및 인수 합병'이라는 측면에서 시간 역시 키워드가 된다. 마지막으로 빠질 수 없는 키워드는 '우수 인재 확보 및 육성'이라는 사람이 되겠다. 지금부터 시간, 돈, 사람에 대해 확실히 이해하고, 핵심 가치들을 직접 찾아보도록 하겠다.

시간 : 누구에게나 공평하지만

'모든 사람은 저마다의 시간을 가지고 있다. 시간은 참된 소유자를 떠나면 죽은 시간이 된다.'

독일의 동화 작가 미하엘 엔데의 말이다.

① 1초의 위력

"여러분에게 매일 통장에 86,400원이 입금된다면 어떤 기분이 들겠습니까? 매일 입금되는 돈으로 구체적으로 무엇을 하고 싶으십니까?"

워크숍에 참여한 많은 사람들은 아래와 같이 다양한 대답을 한다.

"로또나 연금 복권을 사겠습니다."

"저는 친구들과 86,400원어치 술을 마시겠습니다."

"5만 원 정도는 매일 책을 사고 나머지는 저축을 하겠습니다."

여기서 한 가지 조건을 붙인다.

"중요한 조건 하나가 있습니다. 86,400원은 내일이 되면 증발되는, 일명 휘발성 금액입니다. 쌓이지는 않고 매일 86,400원씩 입금되는 것이죠. 그럼 86,400원을 어떻게 사용하시겠습니까?"

이번에는 뜨거운 반응이 나온다.

"그러면 무조건 1원도 안 남기고 다 써야겠네."

"맞아, 맞아. 모두 써 버려야지."

심지어는 최선을 다해 소진하겠다는 의견도 있다.

"그렇다면 하필 왜 86,400원일까요? 86,400원이 의미하는 바가 무엇일까요?"

순간 정적이 흐르다 조금 후에 누군가가 말한다.

"알았다! 혹시 하루를 초로 환산한 수치 아닙니까?"

"맞습니다. 하루 24시간은 1,440분이고 86,400초입니다. 누구에게나 주어지는 하루 24시간을 어떻게 사용하고 계신가요?"

1초를 1원으로 생각하면 많은 사람들이 1원도 안 남기고 쓰겠다는 강한 의지를 보인다. 과연 우리는 그 시간을 하나도 안 남기고 쓸 만큼 잘 사용하고 있을까? 한번 고민해 봐야 할 질문이다. EBS 교육방송의 프로그램인 〈지식채널 e〉에서 방영된 '1초'를 보면 1초의 소중함을 더욱 잘 느낄 수 있다.

'투수를 떠난 공이 배트에 맞고 다시 투수에게 날아가는 시간.'

'인간의 주먹이 1톤의 충격량을 만들어 내는 시간.'

'재채기 때 터져 나오는 침이 공기의 저항이 없는 상태에서 100m를 날아가는 시간.'

'총구를 떠난 총알이 900m를 날아가 표적을 관통하는 시간.'

'대지를 적시는 비 420톤이 내리는 시간.'

'빗방울을 피하기 위해 달리는 달팽이가 1cm를 통과하는 시간.'

'두꺼비의 혀가 지렁이를 낚아채는 시간.'

'지구가 태양으로부터 486억kW의 에너지를 얻는 시간.'

'새로운 생명 2.4명이 탄생하는 시간.'

'1.3대의 승용차와 4.2대의 텔레비전이 만들어지는 시간.'

'5,700리터의 탄산음료와 51톤의 시멘트가 소모되는 시간.'

'22명의 여행자들이 국경을 넘는 시간.'

'우주의 시간 150억 년을 1년으로 축소할 때 인류가 역사를 만들어 간 시간.'

1초라는 시간이 짧아 보이지만, 너무나 많은 일들이 생길 수 있는 시간이기도 하다.

② 주말 경영의 위력

 시간 관리를 하는 좋은 방법 중 하나는 1주일을 기본 단위로 하루의 계획을 설계하는 것이다. 피자 한 판을 그냥 한꺼번에 들고 먹는다면 어떤 일이 발생할까? 피자의 꽃인 토핑들이 우수수 떨어져 바닥은 난장판이 되고, 피자의 중심인 치즈는 중력에 의해 축 늘어져 이상한 모양이 될 것이다. 시간 역시 1년, 1달을 기본 단위로 삼아 계획을 세우면 너무 덩어리가 커서 관리하기 힘들어진다. 일반 책상 달력을 자세히 살펴보면 일주일 단위로 보기 좋게 정렬된 모습이 보인다. 1주일은 한눈에 확인이 되고 하나의 완결성도 가지고 있어서 시간 경영의 작은 성취감을 맞보게 한다.

 놀라운 사실 한 가지! 1주일은 크게 2가지로 구분이 된다. '평일'과 '주말'이 그것이다. 더 놀라운 사실 하나! 토요일, 일요일이라는 주말이 1주일 중 30%에 가까운 큰 비중을 차지하고 있다는 것이다. 주 5일제라는 근무 형태와 학교 시스템이 보편화되어 있는 지금 주말이라는 시간을 효과적으로 잘 보내고 있는지 고민을 해야 한다. '황금 같은 주말이다!'라는 말에 책임을 져야 한다. 삶을 윤택하게 만들어 줄 황금이 아니라, 월요일 출근길을 힘들게 하는 큰 바윗덩어리를 주말에 만들고 있지는 않은지 반성해 보자.

대학생들에게 강한 어조로 자주 하는 말이 있다.

"도대체 평일에 얼마나 열심히 고민하고 공부했길래 주말에 그렇게 아무 생각 없이 놀러 다니는지 걱정이다."

직장 생활을 하는 모든 사람들에게도 그대로 적용된다. 금요일만 되면 자주 나누는 인사가 있다. 일명 '불금', 불타는 금요일이라고 한다. 금요일만 되면 모두들 얼굴에 미소가 가득하다. 그랬다가 월요일 아침만 되면 그 미소가 참 그리워진다

대책 없이 늘어난 주말 시간은 오히려 독이 된다. '일과 삶의 균형'을 강조하는 이유이다. 주말에는 도시를 벗어나 멀리 떠나야 행복에 가까운 삶이라는 관념을 강요받고 있다는 생각마저 든다.

대학생들은 더욱 혼란스럽다. 주말에 친구들과 논다는 것은 일단 술 한잔 기울이거나 시원한 실내에서 보는 영화 한 편 정도이

다. 그들이 앞으로 가족을 이루면 주말을 어떻게 잘 경영할지 걱정이다. 대학생들이 사회에 진출하기 전에 반드시 올바른 주말 경영을 위한 지침을 배워야 할 필요가 있다고 생각한다.

자신의 비전을 제대로 수립한다는 자세는 주말 시간도 가치 있게 보내는 방법을 함께 고민해 보는 것이다. 실제로 직장에서 성공한 리더나 전문가들의 이야기를 들어 보면 대부분 주말 시간의 소중함을 강조한다.

바쁜 직장 생활을 하면서도 주말을 활용하여 석사, 박사 과정을 이수했다는 사람들이 대표적인 경우이다. 주말 시간을 학습과 성장으로 채웠기에 평일 시간을 보다 성공적으로 보냈다는 것이다. 지속적인 배움의 시스템을 가동시켜 놓는다면 자연스럽게 시간 관리가 된다. 그래야 우선순위가 도출되고 비로소 하지 말아야 할 것들이 눈에 보인다.

주말 시간의 소중함을 일찍 깨닫고 행동으로 옮기는 사람들을 '주말 경영자'라고 부르고 싶다. 그들은 자기 삶을 좀 더 열정적으로 보람차게 영위해 나가고자 하는 인생 경영자인 셈이다. 미래를 준비하는 자의 삶과 그렇지 않은 자의 격차는 시간이 갈수록 커지기 마련이다. 세월을 자산으로 만드는 사람과 세월을 부채로 만드는 사람의 격차 역시 불을 보듯 뻔하다.

③ 가치를 기반으로 한 시간 관리

놓쳐서는 안 될 중요한 것이 있다. 시간 관리라는 강박 관념을 떨쳐 버려야 한다. 5분, 1분 단위로 치밀하게 계획을 세워 빽빽이 적어 놓은 수첩을 들이밀면서 계획대로 뭔가가 풀리지 않고 있다고 조바심을 내는 사람들을 많이 보았다. 특히 '시간 관리'라는 과목이 큰 인기 강좌가 되고 나서는 시간이란 관리하고 통제해야 하는 대상이라는 잘못된 생각을 하는 경우가 많아졌다.

가장 중요한 것은 '여유'이다. 여유는 방만한 자유가 아니다. 자연스럽게 제 몸이 받아들이도록 체득하는 것이다. 생활화, 습관화라는 말처럼 자신이 생각하는 시간의 기본 단위 내에서 오늘 하루, 혹은 지금 이 순간을 어떻게 의미 있게 활용할지를 고민하는 것이 바람직하다.

직장 생활을 하다 보면 가장 어렵고 힘든 것이 도중에 끼어드는 일이다. 오늘 해야 할 일을 나름 정해서 하고 있는데, 갑자기 예기치 않게 새롭게 끼어드는 일을 말한다.

"처음에는 정말 괴로웠습니다. 어제 세운 계획이 무산되는 것만 같고, 내가 존중받지 못하고 있다는 생각까지 들었습니다."

여기서 '긴급하고 중요한 일'에 대해 생각해 봐야 한다. 당연히 긴급하고 중요한 일을 먼저 해야 한다. 직장 구성원으로서 맡은 바 업무를 진행하다 보면 긴급한 일에 쉽게 휘말리기 쉽다. 직장에서 긴급하기만 하고 중요하지 않은 일은 사실 없다. 상사가 급하게 부탁한 업무나 일이라면 분명 중요한 일일 가능성이 크다. 자신의 판단으로 긴급하고 중요한 일에 대한 기준을 잡는 것은 조금 위험할 수 있다.

그렇다면 먼저 가치를 판단해야 한다. 항상 가치 있는 일에 우선

순위를 두고 온전하게 완성하려는 자세와 노력이 중요하다. '커피나 타려고 대학 공부해서 여기 들어왔나!'라며 투덜대기 전에 '내가 만든 따뜻한 커피 한잔으로 회의가 잘 진행되어 더 큰 가치를 만드는 디딤돌이 되었으면 좋겠다'라는 생각을 해보면 어떨까?

④ 시간의 타이밍

시간이 가지는 상대성이다. 자신에게는 긴급하고 중요하지만, 상대방에게는 긴급하지 않고 중요하지 않은 일이 될 수 있다. 시간의 대부분은 다른 사람들과 연계되어 있다. 누구와 함께 일을 하든, 거래처 사람과 함께 업무를 진행하든, 강사가 참여자들과 함께 시간을 이끌어 가든, 상사에게 의사 결정을 받으러 가든, 역시 시간은 상대방이라는 개념이 들어간다.

이때는 '적시適時'라는 개념이 중요하다. 야구 경기를 예로 들어보자. 주자가 아무도 없는 상태에서의 안타와 1루, 2루, 3루 주자가 모두 있는 만루 상황에서의 안타는 가치가 크게 다르다. 자신과 상대방이 서로 공감하고 교감할 부분이 가장 클 때를 노리는 것이 관건이다. 상대방과의 공감과 교감을 항상 마음에 품고 시간을 활용해 나가야 상대에 대한 배려가 된다.

스펜서 존슨의《선물》이라는 책을 보면 시간별 의미를 다음과 같이 정리하고 있다.

'10년의 소중함을 알고 싶으면 미래에 대하여 준비하지 않아 어렵게 사는 사람들에게 물어보라! 1년의 소중함을 알고 싶으면 시험에 떨어진 재수생들에게 물어보라! 1달의 소중함을 알고 싶으면 미숙아를 낳아 인큐베이터에 아이를 넣은 어머니에게 물어보라! 1일의 소중함을 알고 싶으면 어제 자녀가 죽은 부모에게 물어보라! 1시간의 소중함을 알고 싶으면 약속 장소에서 사랑하는 연인을 기다리는 사람에게 물어보라! 1분의 소중함을 알고 싶으면 하루에 한 대 오는 버스를 놓친 사람에게 물어보라! 1초의 소중함을 알고 싶으면 2등 한 마라톤 선수에게 물어보라! 1,000분의 1초의 소중함을 알고 싶으면 2등 한 100미터 달리기

선수에게 물어보라!'

⑤ 내 시간의 3영역과 그 의미 도출

먼저 평일 시간 중 여러분이 가장 많은 시간을 투입하고 있는 영역 3가지를 생각해 보기 바란다. 일단 직장인이라면 잠자는 시간, 출퇴근 시간, 일하는 시간, 술 먹는 시간 등으로 나뉠 가능성이 크다. 대학생들이라면 잠자는 시간, 통학 시간, 공부하는 시간, 술 먹는 시간 등이 될 것이다. 실제로 많은 사람들이 이러하다.

하루의 시간을 '내게 가장 의미 있는 3가지 영역'으로 다시 생각해 보길 권한다. 양적으로도 많은 시간이 투여되고 질적으로도 의미 있는 3가지를 생각해 보는 것이다. 출퇴근 시간을 예로 든다면, 단순히 물리적인 이동 개념에서 더 나아가 출퇴근 시간에 어떤 생각을 하고, 자신의 성장을 위해 구체적으로 어떤 행동을 하는지 살펴본다.

필자의 출퇴근 시간을 합쳐 보면 4시간 이상의 시간이 된다.

출근 때는 오늘 해야 할 업무나 만나야 할 사람, 새로운 아이디어 등을 스마트폰에 적어 본다. 퇴근 때는 오늘 하루에 대한 정리와 리뷰의 시간, 내일의 새로운 계획을 세운다. 출퇴근 시간 동안 필자에게 일어나는 생각과 행동들의 의미는 '순조롭고 성과 있는 업무 진행'이 되겠다.

또는 어학 공부를 하는 시간이 될 수도 있다. '지속적인 성장과 미래에 대한 준비'라는 의미가 있다. 어느 경우는 좋아하는 음악을 들으며 재충전하는 시간이 되기도 하는 것이 필자의 출퇴근 시간이다.

"너는 참 고생이 많다. 매일 출퇴근 시간이 오래 걸려 불쌍하기도 하다."

주변 사람으로부터 많이 듣는 이야기이다. 필자에게 출퇴근 버스는 또 다른 사무실, 어학실, 콘서트홀, 명상실 등이 되어 준다.

일하는 시간도 마찬가지다. 필자는 임직원들의 성장을 돕기 위한 교육 과정을 기획, 개발, 운영, 평가하는 업무를 하는데, 실제로는 많은 시간을 교육 과정 준비와 운영에 투여하고 있다. 교육 참가자들의 출석 관리, 숙소 열쇠 배분, 교육 준비물 세팅, 강사 응대 등 몸이 바쁠 때가 있다. 이 시간들을 단순히 육체적인 노동으로 생각하거나 가치가 상대적으로 낮은 일이라고 생각한다면 정말 고단해진다. 그 의미를 필자의 비전과 연결 지으면 '내가 정말 하고 싶은 일을 하기 위한 기본이며, 동시에 좋은 습관을 키우고 있는 것이다'라고 보다 가치 있는 생각을 하게 된다. 그 순간 사소한 일이라도 소명으로 바뀌게 된다.

인생에서 진정한 의미가 있는 시간은 스스로 부여하고 즐기는 시간이다. 그 시간은 길면 길수록 좋다. 마찬가지로 주말 시간 중 여러분이 가장 많은 시간을 투입하고 있는 영역 3가지를 생각해 보고 그 의미를 찾아보기 바란다.

평일 시간 영역과 그 의미

시간 사용처	의미
자료 검색 및 수집	아이디어, 개발, 기획, 이야기 소스, 대화, 학습
교육 준비	최소 필요량, 기본, 소명
출퇴근	도서관, 음악실, 강의실, 정리 및 계획

주말 시간 영역과 그 의미

시간 사용처	의미
나들이(쇼핑)	리프레시Refresh, 대화, 트렌드 이해
식사(외식)	효도, 안부, 삶의 안정, 대화
TV 시청	휴식, 사랑, 이야기 소스, 대화

하루 중 가장 의미 있는 3가지 영역의 시간을 고민해 보고 그 속에 들어 있는 가치와 의미를 도출해 보는 것이 진정한 비전 수립을 위한 첫 번째 조건이 된다. 시간을 어떻게 사용하고 있었는지 되돌아볼 수도 있으며, 앞으로 어떻게 계획하고 활용해야 할지 계획을 세울 수도 있다.

돈 : 누구에게나 필요하지만

대학에서 다음과 같은 실험을 했다고 한다. 먼저 1차적으로 학생들이 현재 느끼고 있는 행복의 정도를 조사했다. 그 다음 일정 기간 동안 사용한 용돈의 쓰임새를 상세히 적도록 하였다. 용돈의 쓰임새는 자신만을 위해 사용한 돈, 상대방만을 위해 사용한 돈, 자신과 상대방 모두를 위해 사용한 돈 3가지로 크게 구분하였다. 학생들의 행복 정도와 용돈 쓰임새와의 상호 관계를 조사해 보았더니 결과가 흥미로웠다.

자신만을 위해 사용한 돈이 가장 많은 학생들의 행복 강도는 낮았다. 상대방만을 위해 사용한 돈이 가장 많은 학생들은 행복도가 상대적으로 높았다. 자신과 상대방 모두를 위해 돈을 사용한 학생들의 행복도가 가장 높았다. 여러분은 지난 일주일 동안 누구를 위해 돈을 가장 많이 사용했는가?

물론 자기 계발을 위한 투자는 너무나 의미 있는 쓰임새이다. 단순히 자기만을 위해 사용한 돈과는 구분된다. 지위와 부를 드러내기 위한 명품 구입이라든지, 상황에 맞지 않는 허세에 드는 비용은 분명 옳지 않다. 자기 계발을 위해 투자된 돈은 나중에 조직과 사회에 큰 이로움이 되어 많은 사람들을 행복하게 만든다.

음료수 하나를 사더라도 함께 있는 사람을 생각해서 하나 더 사는 사람들이 있다. 바쁜 일정 속에서도 시간을 내어 사람들과 함께 식사를 하는 사람들이 있다. 이 사람들이 쓰고 있는 돈은 소비가 아닌 행복의 저축일지 모른다.

한 여성이 길을 가다가 가구 가게 앞에 멈춰 섰다. 쇼윈도에 있는 티 테이블과 의자가 눈과 마음에 들어왔다. '예쁘니깐 당장 사야지'라는 생각보다는 테이블 앞의 의자에 앉아 비가 내리는 창을 내다보며 마실 커피 한잔의 여유, 함께 읽을 책 등을 머릿속으로 상상해 본다면 더욱 현명한 소비가 될 것이다. 지출이 소유의 개념이 아니라 경험의 공유 차원으로 전환된다면 더욱 큰 가치가 있다는 말이다.

이제는 여러분 차례이다. 먼저 양적으로도 많은 돈이 투여되고 질적으로도 의미 있는 3가지를 생각해 보기 바란다. 만약 동료들과의 식사비라면 그 속에서 어떤 의미를 도출할 수 있을까? 월급과 용돈에서 아깝게 지출되는 돈이라는 생각이 먼저 드는가? 조금만 생각을 달리해 보자. 동료들과의 식사로 삶의 활력소를 찾고, 앞으로의 일을 진행해 나가는 데 도움도 된다고 생각한다면 '대화', '협력', '성과' 등 다양한 가치 단어로 표현 가능하다. 특히 멘토나 전문가와 대화를 나누며 사용한 식사비, 커피값 등은 '마음의 안정', '새로운 목표', '감사'라는 또 다른 의미로 탄생될 것이다. 자기 계발 비용도 마찬가지다. 도서 구입비, 어학 학원 비용은 '전문성', '학습', '성장' 등과 연관이 있다.

    대학생들은 현실적으로 사용할 만한 돈이 한정적일 가능성이 크다. 교통비, 식사비, 학원비 등이 그것이다. 한정적인 금액을 사용하더라도 나름대로의 의미를 파악해 자신의 성장과 발전에 어떠한 영향이 있을지 고민해야 한다. 앞으로 돈을 직접 벌게 된다면 어디에 가치를 두고 소비할지 미리 고민해 보는 작업도 필요하다. 부모님께 보답을 하겠다면 '효도'가 될 것이고, 어학연수를 간다면 '자기 계발', '성장', '학습' 등이 되는 것이다. 돈은 '얼마를 버느냐'보다 '어떻게 쓰느냐'가 관건이다.

돈의 영역과 그 의미

돈 사용처	의미
세미나 비용	자기 계발, 지식, 학습, 강의 준비
교통비	출퇴근, 학습, 휴식
외식비	리프레시, 효도, 사랑

사람 :

누구에게나

힘이 되지만

① 싸이 스타일 VS 사이 스타일

'싸이 대박! 〈강남 스타일〉, 〈젠틀맨〉 대박! 빌보드 차트 1위 가능한가?'

최근 헤드라인을 장식했던 가수 싸이에 관한 내용이다. 싸이에 관심을 가지고 있는 만큼이나 소홀해서는 안 될 것이 사람들의 '사이間'이다. 사이에서 느끼는 행복은 시간이 지날수록 강하고 깊어진다. 진정으로 찾고자 하는 행복은 사람들과의 관계 사이에 보석처럼 박혀 있는지도 모르겠다.

호주의 심리학자 티모시는 'SUPPORT'라는 단어를 가지고 좋은 관계를 위한 7가지 제안을 했다.

Strengths : 장점 찾기

Unconditional love : 조건 없는 사랑

Praise : 칭찬하기

Positivity · 긍정적 생각

Openness : 열린 마음

Respect : 존중하기

Trust : 신뢰하기

정리하면 좋은 '사이'를 위해 상대방의 장점을 보려 노력하고,

사랑에 조건을 달지 않으며, 칭찬을 아끼지 말아야 한다는 것이다. 또한 긍정적인 생각과 열린 마음을 가지고 타인에 대한 존중과 신뢰를 바탕으로 '사이'를 유지해야 한다.

의미 있는 실험을 소개하고자 한다. 깊은 병을 앓는 환자들을 두 그룹으로 나누었다. 한 그룹은 일상적인 의학 치료만을 받게 하고, 다른 그룹은 의학적 치료 외에 다른 환자들과 정기적인 만남을 가지게 했다. 그 결과 정기적인 '사이'를 가졌던 그룹의 환자들은 상대적으로 통증을 느끼는 횟수도 줄어들었고, 평균 두 배 이상 오래 산 것으로 밝혀졌다고 한다. 환자들끼리 서로 모여서 이야기하는 기회만으로도 결과가 달라지는 이유는 무엇일까?

비단 병원에서만 가능한 이야기가 아니다. 우리가 몸담고 있는 회사, 학교 어디에서든 '사이' 스타일을 추구할 수 있다. 많은 시간을 함께 보내는 사람들의 이름을 적어 보고, 그들의 요즘 생각이나 모습들은 어떠한지 떠올려 보면 어떨까? 좀 더 나아가 그들에게 무엇을 해주면 행복해할지 생각해 보았으면 한다. '사이' 스타일은 행복의 공동체를 만들 줄 아는 것이며, 행복하게 사는 전략이다.

조직에서 성공한 한 리더가 요즘 젊은 친구들 만나는 재미에 푹 빠져 있다고 한다. 그 비결은 자기 나이보다 스무 살 이상 어린 사람에게도 언제나 존댓말을 쓰고, 본인 혼자만 얘기하지 않고, 억지로 교훈적인 이야기로 감동시키려 하지 않으며, 마지막으로 가끔 피자를 쏘는 것이라고 얘기했다.

조정민 작가는 《사람이 선물이다》라는 책에서 다음과 같이 말한다.

'안전한 길도 위험한 사람과 함께 가면 위험하고, 위험한 길도 믿을 수 있는 사람과 함께 가면 안전합니다. 안전하고 위험한 건 언제나…… 길보다 사람입니다.'

② 세상에 혼자 이룩한 것은 없다

세상에 한 사람만의 힘으로 이루어진 것은 없다. 간혹 많은 부분을 혼자의 힘으로 이루는 사람도 있지만, 여러 사람이 인정해 주고 함께 도와줘야 비로소 성공이라는 월계관이 만들어진다.

성공한 위인들의 공통점 중의 하나는 주변에 누군가가 있었다는 사실이다. 근면하고 정신세계가 맑고 넓은 대학생을 만나 보면 그 뒤에는 그러한 부모님이 있다. 맡은 바 업무를 잘 이행하면서 주변 사람들과 함께 사회생활을 잘하는 사람들에게는 좋은 직장 동료나 상사가 있다. 결국 사람이다. 이 말은 진리이다. 어쩌면 우리가 만나는 모든 문제의 근원 역시 사람일지도 모른다.

세상이 발전할수록 근로자의 수는 줄어들고 로봇이 대신 일을 하게 될 것이라는 말을 종종 듣는다. 그럴수록 사람의 가치는 더욱 높아진다. 다양한 생각을 존중하고 배려하는, 사람만이 지닌 고유 능력을 세상은 필요로 하게 된다. 조직에서도 인적자원개발Human Resources Development 팀을 통해 구성원의 역량을 키우는 데 많은 시간과 돈을 사용하고 있다. 사람에게 사용되는 시간과 돈은 더 이상 소비가 아닌 투자의 개념으로 패러다임이 변하고 있으며, 조직 환경이 어려워질수록 사람에 대한 투자를 게을리하지 않고 강화하는 경향을 보인다.

사람과 사람이 함께할 때 보다 큰 가치와 성과를 낼 수 있다. 세상은 함께하여 더 큰 가치를 만들어 낼 때 더욱 행복해지는 것이다.

③ 멘토와의 소중한 만남

우리는 성공한 사람들을 동경하여 멘토로 삼고 싶어 한다. 그들의 지위, 재산, 명예를 부러워하기도 한다. 무엇보다 존경하는 멘토로부터 배울 것은 끝이 없다.

첫째, 멘토로부터 다양한 생각과 경험을 얻을 수 있다.

멘토라 불리는 사람들은 그 자리에 오르기 위해 수많은 시련과 역경을 직접 견뎌 낸 사람이다. 그들의 이야기는 마음을 다해 경청할 필요가 있다. 그들의 다양한 생각과 느낌들을 통해 또 다른 세상을 경험할 수 있다. 그들의 경험은 우리 앞을 가로막고 있는 큰 철문을 여는 열쇠가 되어 준다.

둘째, 멘토의 넓은 시각을 배울 필요가 있다.

많은 청중 앞에 서본 경험이 있는 사람은 더욱 공감할 내용이다. 넓은 강당의 강연대에 올라선 강연자는 아무리 많은 사람들이 앉아 있어도 작은 움직임까지 포착한다. 많은 청중 사이에 있는데 설마 자신의 모습이 보일까 하고 기본에 어긋나는 행동을 하는 사람들이 있다. 노련한 강연자는 많은 청중의 표정 하나하나를 확인하며 속도와 난이도를 조절해 나갈 줄 안다. 멘토들의 시야가 그렇다. 그들이 세상을 보는 관점, 일에 대한 마음가짐, 사람을 대하는 태도 등을 옆에서 배울 필요가 있다.

④ 좋은 멘토를 만나기 위한 투자

대개 멘토는 특별한 사람만 할 수 있다고 생각한다. 훌륭하고 높은 지위에 있는 사람만이 멘토 자격을 가진다고 생각한다. 전혀 그렇지 않다. 멘토는 언제 어디에서든 주변에서 만날 수 있다.

관심을 가지고 자신의 멘토를 적극적으로 찾는 것이 중요하다. 즉 발품을 팔아야 한다.

필자가 대학생일 때 지닌 가장 큰 소망은 멋진 직장인들과 얘기를 나눠 보는 것이었다. 그들을 만나면 지금 내 수준을 파악하는 데 도움이 될 것이고, 앞으로 무엇을 어떻게 준비해야 할지 속 시원하게 대답해 줄 것이라고 생각했다. 문제는 생각에서 멈추고 말았다는 것이다. 매일매일 반복되는 대학 생활에 젖어 있다 보니 곧 그 생각을 잊어버렸다.

좋은 멘토를 만나기 위해 큰돈을 써야 하지는 않다. 적극성을 가지고 멘토로 삼고자 하는 사람의 마음을 얻기 위해 노력해야 한다. 사람의 마음은 작지만 세심한 정성 하나, 공감의 말 한마디에 움직이기 마련이다.

좋은 멘토를 찾기 위한 구체적인 방법들을 생각해 보자. 먼저 어떠한 모임의 허브 역할이 되는 방법이다. 반드시 리더가 될 필요는 없다. 총무라든지 행사의 진행자처럼 많은 사람을 쉽게 접

촉하는 보직이 좋다. 경조사, 새로운 사업의 개업, 승진, 책 출간 등 누군가에게 정말 중요한 순간에 중간에서 접점이 되어 많은 사람들과 소통하는 것이다.

  모임에서 보직을 맡으면 귀찮아지거나 시간을 허비하고, 궂은일도 도맡아야 한다고 생각하기 쉽다. 하지만 그렇기 때문에 오히려 상대방에게 좋은 사람으로, 좋은 이미지로 비치기도 하는 것이 아닐까? 그러면서 모임에 대한 애정이 더욱 생기고, 다른 리더들과 쉽게 이야기 나눌 포지션도 선점하게 된다. 사람들을 연결시켜 주는 위치는 좋은 사람을 만나는 기회를 자연스럽게 만들어 준다.

사람 영역과 그 의미

사람	의미
OOO 코치	열정, 경청, 조언
OOO 부장	성실, 자기 관리, 경청, 업무 능력
OOO 강사	강의 능력, 경력, 스킬, 태도, 자기 관리

핵심 키워드 도출 : 시간, 돈, 사람을 통한 결과물

자신만의 핵심 가치를 찾기 위한 필수 3요소인 시간, 돈, 사람을 통해 나온 결과물을 확인할 차례이다. 시간이면 시간, 돈이면 돈, 사람이면 사람 등 각각에 대해 자신이 가장 많은 에너지를 쏟고 있는 3가지 영역을 선택하고, 각 영역들이 자신에게 주는 의미들을 정리해 보았다.

그 다음의 활동이 참 흥미롭다. 각 영역별로 나열된 의미 단어들 중에서 자주 언급되었던 단어들을 따로 묶어 본다. 가장 핵심이 되는 단어를 찾는 것이다. 별표 표시, 동그라미 표시 등 다양한 표시로 자주 언급된 단어들을 묶어 보기 바란다.

평일 시간 사용처	의미
자료 검색 및 수집	아이디어, 개발, 기획, 이야기 소스, 대화, 학습
교육 준비	최소 필요량, 기본, 소명
출퇴근	도서관, 음악실, 강의실, 정리 및 계획

주말 시간 사용처	의미
나들이(쇼핑)	리프레시, 대화, 트렌드 이해
식사(외식)	효도, 안부, 내 삶의 안정, 대화
TV 시청	휴식, 사랑, 이야기 소스, 대화

돈 사용처	의미
세미나 비용	자기 계발, 지식, 학습, 강의 준비
교통비	출퇴근, 학습, 휴식
외식비	리프레시, 효도, 사랑

사람	의미
OOO 코치	열정, 경청, 조언
OOO 부장	성실, 자기 계발, 경청, 업무 능력
OOO 강사	강의 능력, 경력, 스킬, 태도, 자기 관리

정리해 보면 삶을 살아가는 데 필수 요소인 시간, 돈, 사람 이상 3가지 자원 중 자신이 어디에 무엇을 가장 많이 쓰고 사용하는지, 누구를 만나는지를 확인할 수 있다. 중복되어 표시된 단어가 여러분 현재까지의 '핵심 키워드'가 될 가능성이 높다.

위의 의미 단어들을 살펴보면 알 수 있듯이 필자에게 주로 언급된 단어들이 학습, 개발 등이었다. 적어도 필자는 학습과 개발을 가장 중요하고 가치 있게 생각하고 살아가는 사람이라는 것이다. 이 단어를 찾는 순간 너무 기뻤고 통쾌했다. 지금 하는 업무와도 관계 깊은 핵심 키워드였고, 어렸을 때부터 관심 있었던 분야에 해당하는 핵심 키워드였기 때문이다.

여러분만의 핵심 키워드도 반드시 존재한다. 중요한 것은 여러분들이 직접 찾아 나서야 한다는 사실이다. 앞으로의 삶을 핵심 키워드(핵심 가치)를 기반으로 영위해 나간다면 모두가 희망하는 행복한 삶이 자연스럽게 다가올 것이라고 확신한다.

평생가치 List

- 생동감
- 자율성
- 아름다움
- 배려(관심)
- 도전
- 용기
- 창조성
- 존엄(위엄)
- 우아함
- 탁월성
- 공정성
- 자유
- 충만감
- 즐거움
- 행복
- 조화로움
- 도움
- 정직
- 유머
- 혁신
- 재미
- 정의로움
- 학식
- 사랑
- 우월감
- 인내
- 쾌활함
- 변화
- 심리적 안전
- 경제적 자유
- 자신감
- 봉사
- 순수함
- 문제 해결
- 변화 동기
- 진실
- 독특성
- 협동
- 인정(능력 발휘에 대한)
- 신체적 활력

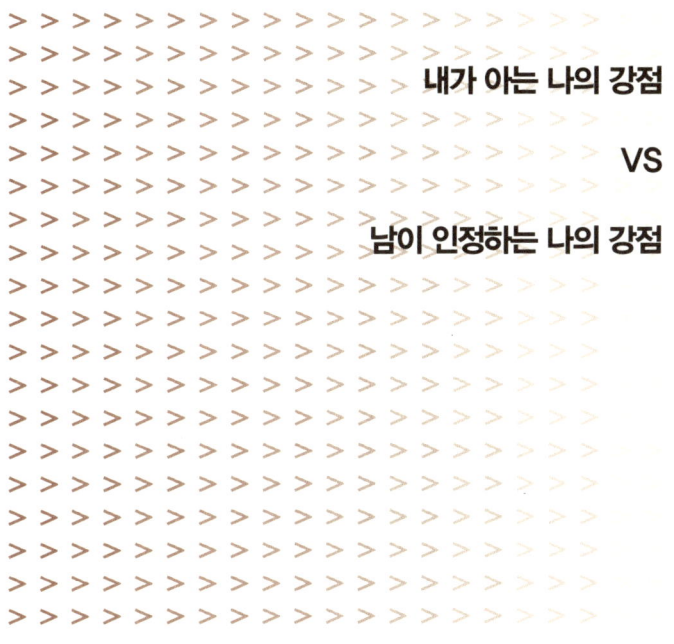

교육학자 R. H. 리브스의 동물학교 우화를 소개하고자 한다.

'동물들이 모여서 세운 학교가 있었다. 이곳은 수영, 달리기, 오르기, 날기가 필수 과목이다. 토끼는 달리기를 잘했지만, 수영에서 낮은 점수를 얻어서 보충 수업 내내 물에서 시간을 보내다가

다리에 통증까지 생기게 되었다. 다람쥐는 오르기 과목은 잘했지만, 날기 수업에서 낙제하여 보충 수업을 받는 신세가 되었다. 오리는 수영에서 돋보였지만, 오르기와 달리기에서는 낙제했다. 오리는 낙제 과목을 보충하기 위해 오르기와 달리기에 지나치게 몰두하다가 물갈퀴가 모두 닳아 없어지고 말았다. 이 바람에 결국 수영마저도 제대로 못하는 신세가 되었다. 독수리는 날기 수업 외에는 관심 없이 자기 방식만 고집하다 낙제생이 되고 말았다. 결국 최우수 졸업생은 뱀장어가 되었다. 수영, 달리기, 오르기, 날기에서 최고 높은 점수를 얻지는 못했지만, 낙제 점수를 받은 과목이 없었기에 최우수상을 얻게 된 것이다.'

인생의 진정한 비극은 충분한 강점을 갖고 있지 않다는 데 있지 않다. 오히려 갖고 있는 강점을 충분히 활용하지 못하는 데 있다. 벤자민 프랭클린의 조언이다. 사람은 강점에 충실할 때 더 많이 얻을 수 있다. 무엇보다 자신의 강점이 무엇인지 정확히 파악하고 집중하는 것이 중요하다.

왜 강점에 집중해야 하는지 생각해 보자. 행복의 수준을 높이고 스스로가 긍정적이 되려면, 우선 자신의 강점을 발견하여 일상생활 속에서 끊임없이 발휘해야 한다고 전문가들은 말한다. 우리의 상황과 환경은 어떠한가? 먼저 틀린 것을 확인하고 무엇이, 어떤 부분이 부족했는지 약점만 집중해서 보안하도록 교육받아 왔다. 물론 실수를 다시 검토해 보고 이유를 찾는 과정은 필요하다. 하지만 모든 사람들이 똑같이 부족함 없이 비슷한 수준의 역량을 키우는 데 너무 많이 집중하고 있지 않나 생각된다.

필자도 학창 시절에는 항상 관심이 있던 언어 과목보다 부족하고 성적이 좋지 않았던 수학을 어떻게 하면 만회할까 하는 걱정에 매몰되어 있었다. 그런 사고방식에 익숙해져 '부족한 부분을 채우는 것이 자기 계발이다'라는 공식을 버리는 데 참 오랜 시간이 걸렸다.

한 여성 강사의 말이 생각난다. 특히 우리나라는 여성의 강점을 찾는 데 익숙하지 않은 문화를 가지고 있다. 여성은 큰 흠이 없이 성장하도록 강요를 받았다. 특별한 약점이 있어서는 안 되지만, 특별히 잘난 점이 있어도 좋지 않다는 교육을 받았다는 것이다. 더구나 결혼이라는 큰 문턱을 넘어서면 더더욱 자신의 꿈과 강점을 잊게 되어 외롭고 혼란스러운 상태에 빠지기 쉽다는 이야기였다.

이제는 모두가 함께 노력해야 한다. 약점을 보완하기 위해 많은 시간과 돈을 소비한다면 개인의 발전과 행복도, 사회의 발전도 없을 것이다. 잠재력 자체를 인정하고 끊임없이 계발해야 한다. 나아가 서로가 서로의 잠재력을 찾아 주는 활동을 권장해야 한다. 사실 자신의 강점을 말할 유일한 기회는 면접 장소에나 가야만 주어졌던 것 같다. 면접 장소가 아닌 생활 속에서 서로가 함께 강점을 찾아 주었으면 좋겠다.

아직도 스스로 자신의 강점을 이야기하는 문화를 편안하게 받아들이지 않는 경향이 있다. "그래, 너 잘났다"라는 말을 듣기 십상이다. 인류 역사를 보자면 훌륭한 업적을 남긴 사람들은 자신의 강점에 집중해서 발전시킨 사람들이다. 체육, 학문, 문화, 예술 등 뛰어난 업적을 남긴 사람들은 모두 자신의 강점을 집중해서 키워 나갔다는 큰 공통점을 가지고 있다. 역경과 어려움을 이겨 내고 사회에 공헌한 성취와 업적을 이룬 모든 사람들은 자신의 강점에 집중하여 끊임없이 발휘했다는 것이다.

자신의 강점을 발견하고 발휘하는 것이 핵심이다. 자신이 잘할 수 있는 일을 통해 즐거움과 작은 성공담을 쌓아 가야 진정 행복한 삶에 가까워진다. 또한 스스로 행복의 기준을 높여 나갈 수도 있다.

1장에서도 언급했듯이 자신이 되고 싶었던 것, 자신이 잘하는 것, 남들이 잘한다고 인정해 주는 것, 자신이 가장 편안하게 생각하는 것 등을 스스로와의 대화를 통해 동사 표현으로 도출해 보길 바란다. 그중 자주 언급된 자신만의 동사, 즉 '강점 동사'를 추출해 보는 것이다.

다중지능 이론

다중지능 이론의 창시자인 하버드 대학교 교육학 교수 하워드 가드너는 기존의 IQ 점수에서 벗어나 보다 넓은 잠재적 능력을 탐구하였다. 가드너 교수는 '특별한 가치가 부여된 지식이나 기능을 넘어 결과물을 창출하는 능력'을 지능이라 정의했다. 다음에 나열한 지능들은 여러분의 강점을 보다 쉽게 발견하는 보기가 될 것이다.

① **언어적 지능** Linguistic Intelligence

공식 연설, 임기응변, 유머와 농담, 이야기 만들기, 토론 등의 활동에 강한 모습을 보인다. 대표적인 직업으로는 연설가, 이야기꾼, 정치가, 극작가, 기자, 시인 등이 있다.

② **논리수학적 지능** Logical?mathematical Intelligence

추상적 사고, 도표 구조화, 수열, 계산법, 부호 해독, 문제 해결 등의 활동에 강한 모습을 보인다. 대표적인 직업으로는 수학자, 회계사, 컴퓨터 프로그래머, 통계 전문가 등이 있다.

③ **공간적 지능** Spatial Intelligence

지도 제작, 체스 게임, 상상력 발휘, 색채 배합, 패턴, 디자인, 그림, 사진 등의 활동에 강한 모습을 보인다. 대표적인 직업으로는 건축가, 인테리어, 발명가, 예술가, 디자이너 등이 있다.

④ 신체운동적 지능 Bodily-kinesthetic Intelligence

창작 춤, 역할극, 드라마, 무술, 운동, 연극, 물건 만들기 등의 활동에 강한 모습을 보인다. 대표적인 직업으로는 배우, 무용가, 기계공, 외과 의사 등이 있다.

⑤ 음악적 지능 Musical Intelligence

리듬 패턴, 작곡과 편곡, 악기 연주, 노래, 공연 등의 활동에 강한 모습을 보인다. 대표적인 직업으로는 음악 비평가, 작곡가, 연주가, 악기 제작자 등이 있다.

⑥ 대인관계 지능 Interpersonal Intelligence

대화하기, 타인의 감정에 대한 이해, 분쟁 해결, 인터뷰, 공감, 물건 팔기 등의 활동에 강한 모습을 보인다. 대표적인 직업으로는 카운셀러, 교사, 심리 치료사, 종교인, 세일즈맨 등이 있다.

⑦ 자기이해 지능 Intrapersonal Intelligence

반성적 사고, 사고 전략, 정신 집중 기술, 자신의 장단점 파악, 목표 설정 등의 활동에 강한 모습을 보인다. 대표적인 직업으로는 철학자, 신학자, 심리학자 등으로 어느 직업이든 기본적으로 가지고 있어야 하는 지능이다.

⑧ 자연탐구 지능 Naturalist Intelligence

관찰, 견학, 소풍, 여행, 하이킹, 자연 보호, 동물 기르기, 환경 조사 분석 등의 활동에 강한 모습을 보인다. 대표적인 직업으로는 식물학자, 해양학자, 과학자, 정원사, 수의사, 지질학자, 동물 조련사 등이 있다.

하나의 지능만으로는 뚜렷한 능력 발휘가 가능하지 않지만, 다른 지능과 결합함으로써 큰 힘을 발휘한다. 자기의 강점을 확인할 수 있는 것들은 다른 지능의 발휘를 돕는 메타 지능이라고도 부른다. 예를 들어, 신체운동 지능이 뛰어난 운동선수가 성공적인 체육인으로 대성하기 위해서는 높은 수준의 다른 지능들도 필요하다. 그래야 다른 팀 구성원들과의 관계, 감독 코치와의 관계 등 다양한 상황을 통해 인정도 받고, 심리적 안정도 얻어 계속 성장해 나간다.

자타 공인, 자신의 강점을 확인하자

자신만의 강점을 찾는다는 것은 위에서 언급하였듯이 굉장히 의미 있는 활동이다. 다만 놓쳐서는 안 될 것이 있다. 자신이 생각하는 강점들과 주변 사람들이 생각하는 강점들 중 무엇이 같고 다른지 고민해 봐야 한다.

실제로 자신이 생각하는 강점에만 몰입되어 상대방을 배려하지 못하는 경우를 많이 보게 된다. 공동으로 프로젝트나 업무를 추진하면서 자신은 원래부터 이 분야에 관심이 있었고 이런 강점을 가지고 있으니 반드시 특정 역할만 하고 싶다고 고집을 피우는 경우이다. 그러면 전체 팀워크에도 상당한 지장을 줄 뿐만 아니라, 대인 관계에서도 실패할 확률이 높아진다. 실패를 줄이기 위해서는 자신도 소중하게 생각하고 상대방도 인정해 주는 강점들에 초점을 맞출 필요가 있는 것이다.

① 강점 스토리텔링 Story Telling

워크숍을 진행하면서 가장 뜨거운 분위기가 연출되는 방법이기도 하다.

먼저 각자 본인이 겪은 일 중에서 성취감이 컸던 일이나 이야기를 생각하게 한다. 본인의 전문성을 최대한 발휘했던 경험이면 더욱 좋다. 혹은 쉽게 다른 사람들이 경험하지 못했을 자신만의 성공 이야기도 좋다.

필자가 강점 스토리텔링 후 선물 받은 강점들

[손글씨 메모: 장영재 님 강점
• 부드러운 남자
• 설득력있는 대화
• 정리해주는 능력
• 먼저 다가가주는 친절함]

그 다음 '나는 ~까지 해본 적 있다'라고 포스트잇에 적도록 한다. 팀별로 모아서 한 명이 대표로 한 가지 내용을 읽고 그 주인공이 누구인지 맞혀 보게 할 수도 있다. 글의 주인공이 이야기를 모두 들려주는 동안 나머지 팀원들은 그 사람의 두드러진 강점 2~3개를 구체적으로 작성하여 선물한다. 이른바 '동료가 주는 강점 선물'이다.

자연스럽게 자신의 이야기를 하게 하는 방법으로, 나머지 듣는 사람들은 감탄사를 연발하며 호기심에 가득 찬 눈빛으로 경청하게 된다. 이 활동을 통해 다른 사람으로부터 선물 받은 강점들과 스스로 도출했던 강점들을 서로 비교하며 다시 한 번 자신의 강점을 재확인하는 것이 핵심이다.

② 인터뷰 및 설문

타인의 입장을 이해하는 순간 자아의식이 생긴다. 자아 개념의 근본은 타인의 시선을 느낌으로써, 혹은 타인의 관점에서 나를 바라봄으로써 생겨난다고 한다.

"안녕하십니까, 정영재입니다. 제 비전을 수립하는 데 있어 소중한 여러분들의 조언을 듣고자 합니다. 당신은 정영재에 대해 객관적으로 이야기해 줄 수 있는 존재이며, 저의 영원한 지원자입니다. 당신이 생각하시는 저의 두드러지는 강점과 저와 함께 했던 활동 중에서 기억에 남는 부분이 있다면 편하게 말씀해 주시길 바랍니다. 더불어 제가 어떤 모습으로 어떤 활동을 할 때

당신은 가장 편안함을 느끼시는지 알려 주시길 부탁드립니다."

필자가 지인들에게 보냈던 메일 내용이다. 필자 또한 보내기 전에 굉장히 망설였던 순간이 있었다. 하지만 다음의 문장을 보고 과감히 도전했다.

'누군가에게 도움을 청했다면 그 사람 스스로가 가치 있는 존재임을 느낄 기회를 제공한 것이다.'

놀라운 사실은 예상보다 정성스럽게, 필자가 알고 있었던 자신보다 상세하게 말씀해 주신 분들이 많았다는 것이다. 메일을 이용한 인터뷰 및 설문을 통해 필자의 강점에 좀 더 확신을 가지게 되었으며, 이제는 누구에게라도 자신 있게 강점을 얘기한다. '프로그램을 개발하고, 설명하고, 교육한다'라는 자타 공인 필자만의 3가지 강점을 도출하게 되었던 것이다.

상대에게 질문에 대한 답변을 요청하는 3가지 팁이 있다. 3가지 팁을 잘 이용한다면 상대방은 앞으로 영원한 '비전 서포터즈'

가 되어 줄 것이다.

첫째, 도움을 요청하기 전에 자신의 노력과 실천 과정을 상세히 알려 준다. 현재 고민을 얘기하고 도움이 필요하다는 점을 솔직히 말한다. 또는 어떤 책을 읽고 나서라든지, 세미나 참여 후 용기를 내어 메일을 보낸다고 얘기해 주는 것도 좋다.

둘째, 존중하는 마음과 겸손한 자세로 요청한다. 정중한 표현으로 상대방의 솔직한 의견을 경청하고 싶다는 마음을 보여 줘야 한다.

셋째, 보답을 약속하고 도움에 대한 피드백과 감사를 표현한다. 반드시 정리된 결과물을 보여 주거나, 자신의 변화에 대한 감사의 표현으로 답변을 준다.

미션과 비전을 구분하여 문장으로 작성하라

우선 미션 문구를 작성해 보자. 지금까지 고민했던 '나의 인생 고객'을 시작으로, 핵심 키워드와 강점 동사를 멋진 한 문장으로 완성하는 작업이 되겠다. 가장 이상적인 형태는 다음과 같다.

미션 mission : 나의 (인생 고객)을 위해 (핵심 키워드)를 바탕으로 (상품/콘텐츠)을 제공하기 위해 (구체적인 강점 동사)들을 발휘한다.

필자는 '배움을 통해 성장과 행복을 바라는 진정한 젊은이들을 위해 꾸준한 학습과 개발을 바탕으로 공감 프로그램을 제공하기 위해 개발하고, 설명하고, 교육한다'로 초안을 작성했다. 실제 전력 케이블 담당자인 한 참가자가 작성했던 미션 문장은 다음과 같다.

'사랑하고 함께하고픈 그대를 위해 내가 가지고 있는 간접적 지식과 경험적 지혜 및 파워풀한 인맥을 기반으로 모든 도시, 지방의 안정적 전력망이 구축될 때까지 끊임없이 실천하고 도전한다.'

정말로 긍정적이고 창의적이고 전문성이 담긴 문장이 아닐 수 없다.

의외로 쉽고 자연스럽게 문장을 만드는 참가자들이 있는가 하면, 핵심 키워드와 강점 동사의 연결이 어색하거나 구체적이지 못한 문장으로 만드는 참가자들도 있다. 크게 상관은 없다. 중요한 것은 각각의 핵심 요소들, 즉 인생 고객, 핵심 키워드, 상품/콘텐츠, 강점 동사를 찾는다는 것이다. 노력과 고민은 이제부터 시작하면 된다. 어떻게 유의미한 문장으로 사명 문구를 작성할지, 위에 제시된 기본 틀을 가지고 한 문장으로 멋지게 다듬어 완성해 보길 바란다.

그렇다면 비전 문구는 어떻게 만들까? 필자가 가장 좋아하는 비전 표현 중 하나는 'Vision= Visual Mission'이다. 자신의 미션을 생생하게 이미지화, 시각화하여 표현하는 방법이다. 미션이 온전히 발휘되었을 때의 모습을 '형용사+명사'로 재표현rewording하는 것이다.

비전vision : 나의 미션을 온전히 발휘했을 때의 이상적인 모습 (형용사+명사).

많은 유명한 사람들의 이름 앞에는 다양한 수식어가 붙는다.

무등산 폭격기 선동렬, 무쇠팔 최동원, 언어의 마술사 김제동, 트위터 대통령 이외수 등이다. 백범 김구, 도산 안창호, 다산 정약용처럼 위인들에게 있는 하나의 호(號)처럼 말이다. 단순히 지향하는 모습을 뛰어넘어 자신의 미션이 사회와 세상에 멋지게 발휘되었을 때의 최종적인 모습을 생생하게 그려 보고 표현한다면 아주 의미 있는 활동이 될 것이다.

필자는 '전 세계 남녀노소에게 공감을 주는 글로벌 동기 부여가'로 비전 문구를 완성했다. 위의 전력 케이블 담당자의 멋진 비전 문구를 보자. '희미한 세상에 등불을 밝혀 주는 희망의 끈(전력선) 제공자'였다. 여러분 각자의 비전 문구는 무엇인가?

비전을 바탕으로 한 구체적 목표 수립

우리는 이미 수없이 많은 계획과 목표를 세웠다. 그렇다면 어떤 목표가 진정한 가치를 지닐까? 반드시 가치 있는 목표를 달성하기 위해 실천해야 한다. 우리가 수립한 비전은 가치 있는 목표를 달성할 때 비로소 의미가 있다. 곧 비전에 입각한 구체적이고 가치 있는 목표를 수립해야 한다는 말과 상통한다. 비전 지향적인 목표는 밖에서 안으로가 아닌, 내면에서 비롯되는 것이다. 헨리 데이비드 소로는 다음과 같이 말했다.

'나는 의식적인 노력으로 자신의 삶을 높이고자 하는 인간의 확실한 능력보다 더 훌륭한 일은 없다고 생각한다.'

① 목표 의식의 중요성

책을 아주 많이 읽는 두 사람이 있다. 두 사람의 목표는 전혀 다르다. 한 사람은 정말 책 읽는 자체를 목표로 하는 사람이다. 글 자체를 음미하고, 다양한 종류의 독서를 즐기며, 보다 많은 책을 읽으려 노력한다. 다른 한 사람은 작가가 되고 싶은 목표가 있다. 책을 읽으며 지식을 얻을 뿐만 아니라, 작가들의 문체를 확인하며, 자신의 글 쓰는 기술을 향상시키는 데 목표를 두고 책을 읽는다.

'원대한 목표가 더 큰 동기를 부여한다'는 기본 원칙이 있다. 이런 얘기를 자주 듣곤 한다. "문제는 제가 진정으로 이루고 싶은 목표 자체가 없다는 거예요. 그냥 그럭저럭 지금이 마음에 들거든요." 아쉽게도 목표가 어떤 효과를 가져다주는지 잘 모르는 경우다. 사람은 기본적으로 고통을 회피하기 위해 항상 다른 것을 추구하며, 거꾸로 즐거움을 스스로에게 선사할 새로운 것을 추구한다.

자신 속에 있는 큰 꿈을 표출해야 한다. 어떤 사람들은 원하는 삶을 구체적으로 설계하기보다는 하루하루를 살아가면서 필요한 돈만 버는 것으로 대신할 수도 있다. 이런 경우에는 동기 부여 자체가 불가능하다. 그럭저럭 살려는 순간 동기 자체는 사라진다. 어떤 수준의 목표를 세우냐에 따라 삶의 질이 달라진다는 것을 기억해야 한다.

큰 땅 위에 진정으로 원하는 씨앗을 뿌리지 않는다면 잡초만 무성하게 자라난다. 최소한 잡초를 키우려고 애쓸 필요는 없는 것이다. 어느 경우에는 자신의 한계를 뛰어넘는 도전적인 수준의 목표를 세울 필요도 있다. 목표가 없으면 이루어지는 것도 없기 때문이다.

② **구체적인 SMART 계획 수립**

다음과 같은 질문을 받은 적이 있다.

"비전을 수립한다고 해서 모두 현실로 이루어지는 것은 아니잖습니까?"

반은 맞고 반은 틀린 생각이다. 비전을 수립한 후 구체적인 계획 수립이라는 마감 작업이 있고 없고에 따라 확연히 다른 성과를 가져오기 때문이다.

과거에 많은 목표를 세웠지만 실제로 달성하지는 못한 사람들이 있다. 그 결과에 실망하고 미래에 대한 생각 자체를 두려워하게 된다. 더 이상 계획을 수립하지 못하는 것이다. 사람은 자신이 가지고 있던 기대가 무너지면 엄청난 스트레스를 느끼기 때문이다. 어떤 사람은 자신의 관리 범위를 훌쩍 넘는 허황된 목표를 세워서 스스로 불행을 자초한다. 심지어 타인에게 나쁜 영향을 주는 경우도 있다.

구체적인 계획을 실천해 가면 보다 나은 계획을 발견하게 된다. 오히려 계획을 모두 실천하지 못함으로써 또 다른 가치를 찾아낼 수도 있다는 점을 잊어서는 안 된다. 눈에 보이지 않는 것을 가시적인 현실로 만드는 법을 터득한 사람들을 존경한다. 자신의 아이디어를 삶 속에서 현실로 창조해 내는 사람들이다. 그들에게는 비전과 목표뿐만 아니라 구체적인 계획이라는 공통점이 있다.

이제 구체적인 계획을 세우는 훌륭한 방법을 소개하고자 한다. 바로 SMART 기법을 활용한 계획 수립이다. 어디선가 들어 보았지만 구체적으로 표현하기가 쉽지 않다는 이야기를 많이 듣는 기법이기도 하다. 구체적인 사례를 들어 보자.

S : Specific(구체적인)

M : Measurable(측정 가능한)

A : Achievable(성취 가능한)

R : Result-Oriented(결과 지향적인)

T : Time-Framed(시간이 정해진)

'시간 전망time perspective'이라는 말이 있다. 무언가를 성취하기 위해 좀 더 멀리 내다보고 좀 더 많은 시간을 투자한다는 의미이다. 성공한 사람들의 결정적인 비결이 시간 전망이라고 한다. 성공한 사람일수록 지금 당장의 결과만이 아니라 먼 미래의 성공까지 바라보며 구체적으로 계획하고 시간과 비용을 투자한다는 것이다.

필자는 '매일 3시간씩 교육 자료를 정리하고, 매월 5회 이상 공유하며, 매년 50회 이상 워크숍을 개최한다'라고 SMART 기법을 활용한 구체적인 계획을 세워 보았다. 기본적으로 매일, 매월, 매년의 큰 시간 축을 두고 각각 목표로 하는 구체적인 활동들을 생각하면서 적은 것이다.

여기서 중요한 점은 구체적인 동사 표현이 들어가도록 하는 것이다. '정리한다', '공유한다', '개최한다'처럼 말이다. 또 하나 측정 가능한 숫자를 놓쳐서는 안 된다. '매일 3시간', '매월 5회 이상', '매년 50회 이상' 같은 표현이다. 특히 숫자의 힘은 강력하다.

시간이 지나 자신이 얼마만큼 달성했는지의 여부를 정확히 확인할 수 있기 때문이다.

실행 후 빠져서는 안 될 것이 바로 자기 평가이다. 실제 조직에서 업무를 진행하고 준비함에 있어서도 위와 같은 방식의 구체적인 계획과 측정 기준을 활용한다. 이 방식을 자신에게 적용하고, 모니터링하고, 스스로 성찰하는 기본 시스템을 구축한다고 생각해 보면 어떨까?

다음은 필자의 명함 뒷면과 워크숍 참석자가 직접 만든 표이다. 자신의 미션과 비전과 계획을 수립하여 직접 써 보자. 이왕이면 명함이나 작은 메모지를 활용하여 몸에 지니고 다니면서 수시로 들여다보는 습관을 들여도 좋을 것이다.

필자의 명함 뒷면

LS partnership	
미션	젊은이들을 동기부여 할 수 있는 프로그램을 개발하고, 설명하고, 교육한다.
비전	전세계 남녀노소 누구에게나 共感을 주는 Global Motivator
계획	매일 3시간 교육자료를 정리하며, 매달 5회 이상 공유하며, 매년 50회 이상 워크샵을 개최한다.

워크숍 참석자의 결과물

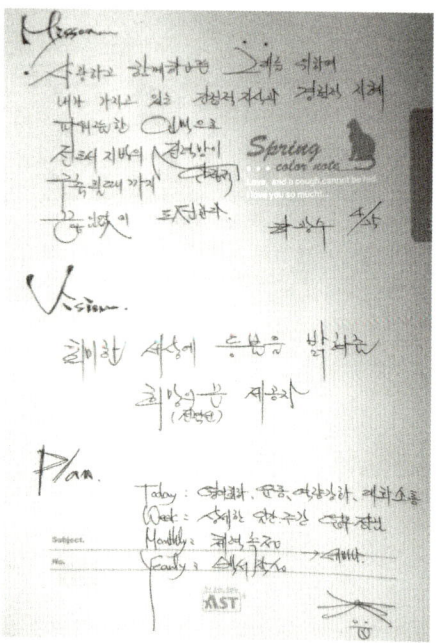

어떤 수준의 목표를 세우냐에 따라
삶의 질이 달라진다는 것을
기억해야 한다.

A   c   t   u   p   o   n   y

chapter 4

**Of the vision,
By the vision, For the vision**
6계명

ur vision!

미래 일기 작성하기

비전을 바탕으로 이루고 싶은 가장 행복한 순간을 떠올려 보자.

- 당신이 있는 곳은 어디인가? 고급 사무실? 교육장? 세일즈 현장?

- 오감으로 느껴지는 것은? 무엇이 보이고 들리나? 촉감은? 냄새는? 맛은?

- 당신은 왜 그곳에 있는가? 시상식? 목표 달성 기념식? 고객과의 만남?

- 하루 일과 시간 중 언제인가? 이른 아침? 업무 시작 시간? 일과 후?

- 그곳에 누구와 함께 있는가? 한 명의 고객? 많은 청중? 사장? 대통령?

- 당신은 무엇을 하고 있는가? 1:1 대화? 서류 정리? 컴퓨터 작업? 연설?

필자가 생각한 가장 이루고 싶고 행복해할 순간을 구상해 보았다.

"2035년 7월 30일 글로벌 동기 부여가 정영재 박사는 한국 CEO 대상 강연 100회를 맞이하여 세종문화회관 대강당에서 기념 강연회를 열었다. 뜨거운 바깥 날씨에도 불구하고 각계 CEO, 언론인, 예술인, 직장인 1,000여 명이 참석했으며, 아이돌의 전유물로만 인식되었던 보라색 풍선을 청소년들이 들고 응원해 눈길을 끌었다. 정영재 박사는 주변 사람들의 사랑에 깊은 감사를 표한다는 말을 끝으로 강연을 마쳤다."

위와 같은 필자의 미래 일기를 누군가에게 낭독한다고 해서 비웃는 사람은 없을 것이다. 많은 워크숍 참여자들은 고개를 끄덕이며 입가에 엷은 미소를 보였다. 어느 날 갑자기 이루고 싶은 순간을 떠올리며 느닷없이 작성한 미래 일기가 아니기 때문이다. 필자가 무엇을 소중하게 생각하는지, 무엇을 잘해 내고 싶어 하는지, 어디에 가장 많은 에너지와 시간을 투자했는지를 살펴보았다. 그것을 통해 나온 미션과 비전을 바탕으로 구체적인 실천 계획을 수립한 덕택이다. 혹시 아는가. 필자가 발송한 100회 기념 강연 티켓이 여러분에게 배달될지!

놀라워라, 긍정의 힘!

① 긍정성이란?

긍정성에서 중요한 것은 자기 암시이다. 자기 암시란 한마디로 일정한 생각을 반복적으로 자신에게 하는 것이다. 자신에게 일어나기를 원하는 것을 표현한다.

긍정적인 자기 암시에는 중요한 조건이 있다. 마치 지금 일어나고 있는 듯한 현재 시제로, 또는 가까운 미래 시제로 하는 것이다. 좀 더 멋지게 포장하고 싶다면 현재 진행형으로 표현한다. '나는 느낀다'와 '나는 느끼고 있다', '매일 좋아진다'와 '매일 좋아지고 있다' 간에 생기는 느낌의 차이를 생각해 보면 쉽게 알 수 있다. 비전을 시각적 미션 Visual Mission이라고 했듯이, 생동감 있게 바로 지금 일어나고 있는 것처럼 표현하면 더욱 몰입하기가 쉬워진다.

가끔 질문을 받는다.

"긍정적 자기 암시가 좋다는 점은 충분히 이해하겠습니다. 하지만 실제 내 생각과 반대되는 긍정적 자기 암시를 말한다면 오히려 해가 되지 않습니까?"

옳은 말이다. 자신이 다른 사람들에게 크게 신경을 잘 쓰지 않는 스타일임에도 불구하고 '나는 타인을 항상 고려하는 사람이다'라고 긍정적 자기 암시를 한다면 시간 낭비이다. 이럴 경우에는 '나는 다른 사람들을 고려하고 배려하도록 바뀔 수 있다'라고 생각하면 자기 생각과의 모순에서 해방된다.

성공한 사람들은 모두 긍정주의자라고 한다. 그들이 항상 옳아서가 아니라 긍정적인 생각을 주도적으로 하기 때문이다. 심지어 그들이 하는 일이 틀렸을 때도 선택한 태도는 여전히 긍정적이다. 긍정적 사고야말로 그들이 목적을 달성하도록 하고, 결국 성공에 이르게 했던 비결이 아닐까 생각된다. 아래의 내용을 크게 읽으면서 스스로에게 긍정적 암시를 선물해 주길 바란다

'나는 뭐든지 쉽게 배울 수 있다.'

'나는 책임감 있게 행동하는 법을 배울 수 있다.'

'나는 스스로를 돌볼 만한 가치가 있는 사람이다.'

'나는 다른 사람과 교제하면서 진실하게 행동하는 일을 즐길 수 있다.'

'나는 항상 동료에게 친절하고 사랑을 베푸는 사람이 되고 있다.'

긍정적 암시는 자기와의 대화를 통해 스스로를 자신감 있게 만

드는 데 큰 도움이 된다는 점을 명심해야 한다.

② 긍정 언어의 중요성

허름한 수녀원을 재건축하기 위해 정리를 하던 중 한 뭉치의 서류가 발견되었다. 70년 전에 작성된 서류였으며, 수녀로 첫발을 내딛는 순간의 느낌과 삶을 소개하는 내용들이었다.

연구자들이 서류를 두고 재미있는 실험을 실시하였다. 수녀들이 쓴 글의 내용을 보고 긍정적인 단어에 붉은색 펜으로 표시를 한 뒤 그 수녀들의 수명과 연관되는 점을 조사해 보았다. 놀랍게도 긍정적인 단어를 많이 사용한 수녀들 가운데 대부분이 85세까지 장수하고 있었다. 반대로 긍정적인 단어를 적게 사용한 수녀들은 대부분 세상을 떠난 상태였다.

매일 사용하고 있는 단어 단어들이 한 사람의 생명과 연관이 있다고 생각해 보면, 더더욱 긍정적인 단어와 표현을 자주 해야겠다는 생각이 든다. 그런데도 부정적인 단어와 표현들이 더 쉽게 자주 들린다.

"야! 다 먹고 살자고 하는 거 아니겠어?"
"우리끼린데 대충 합시다."
"아무거나 해."

　부정적인 단어와 표현들은 프로를 지향하는 개인, 팀, 조직을 한순간에 아마추어로 떨어뜨린다. 교육장에서 조별로 토의를 하거나 문서 작성을 할 때, 한 사람이 "구차하게 이런 걸 직접 작성해야 하나? 실제 업무도 아닌데 대충 하지, 뭐"라는 말을 툭 던진다고 가정하자. 누군가 던진 부정적인 말을 들어야 하는 주변 사람들의 마음을 생각해 보라. 부정적인 표현들이 얼마나 무서운 전염성을 가지고 있는지 공감할 것이다.

③ 자기 공명의 힘

다음과 같은 경험을 공유해 보고 싶다. '의미 있는 우연의 일치'와 마주치는 순간 말이다. 어떤 친구를 생각하고 있는데 마침 그 친구에게서 전화가 걸려 온 경우라든지, 최근에 관심을 가지고 머릿속으로 생각하던 단어와 동일한 단어가 동시에 TV 프로그램을 통해 들려올 경우가 있다. 물론 비과학적인 우연이라 말할 수도 있겠지만, 이런 행운들이 조금씩 쌓여 큰 의미를 부여해 준다.

성실, 신뢰, 배려, 존중, 전문성, 용기, 조화, 최선, 동기 부여, 공감 등과 같은 가슴 두근거리는 단어를 평소에 마음에 품고 실천하면 의미 있는 우연은 반드시 일어나게 되어 있다. 이런 현상이 '공명 현상'의 또 다른 표현이라고 생각한다. 긍정적인 생각을 지속적으로 유지하고 작은 실천으로 옮기면 세상은 성공과 행복으로 대답해 주리라고 믿는다.

무모한 올인이 아닌, 적극적인 몰입을 하라

법정 스님의 《한 사람은 모두를 모두는 한 사람을》이라는 책에 나오는 말씀이다.

'우리는 미래에 이것저것 일을 다 마치고 시골에 내려가서 집을 한 채 지어 그때부터 행복하게 살겠다는 설계를 하는 경우가 많습니다. 진정한 행복은 다음에 이루어야 할 목표가 아닙니다.

지금 여기 이 순간에 존재하는 것입니다. 우리가 살아온 삶을 되돌아보면 잠시라도 행복을 누렸던 그때는 한순간이었습니다. 미래가 아니었습니다. 그런데 대부분의 사람들은 행복을 삶의 목표로 삼으면서도 지금 이 순간의 행복을 놓치고 있습니다. 지금이 바로 그때이지 다른 시절, 다른 때가 우리를 기다리지 않습니다. 언제 어디서든 바로 그 순간에 행복을 만들고 누릴 수 있는 것이지 어느 특정한 기회, 특정한 시간에 행복을 이룰 수 있다고 착각해선 안 됩니다.'

제나라의 위왕과 여러 대신들이 함께 길을 가다 나눈 이야기를 들어 보자. 위왕은 한참 산봉우리를 바라보다가 대신들을 둘러보며 말했다.

"누가 나를 지금 저 산봉우리에 올릴 수 있겠느냐? 너희들 가운데 그런 재주를 가진 자가 있으면 큰 상을 내리겠다."

위왕의 말을 들은 신하들은 난처하기 짝이 없었다. 신선의 재주를 가진 것도 아닌데, 어떻게 왕을 산봉우리로 올릴 수 있단

말인가. 신하들은 서로 얼굴만 쳐다볼 뿐이었다. 그러자 위왕은 신하들 사이에 있는 손빈을 지목하며 물었다. 손빈은 난처한 표정으로 입을 열었다.

"저는 임금님을 산 밑에서 산봉우리로 올릴 수는 없습니다. 하지만 임금님이 만약 산봉우리에 계신다면 산 밑으로 내릴 수 있습니다."

"그게 정말이냐?"

위왕은 '손빈이 아래에서 위로 올릴 수는 없다고 하면서 어떻게 위에서 아래로 내린다는 것이지?' 하는 의구심이 들면서도 그 방법이 너무 궁금했다. 위왕은 손빈이 산봉우리를 향해 걸어가자 자신도 발걸음을 재촉하여 부지런히 따라갔다. 신하들도 임금과 마찬가지로 방법이 너무나 궁금하여 저절로 발걸음이 빨라졌다. 드디어 왕과 신하들이 모두 산봉우리에 이르자 손빈은 임금의 앞으로 나가 머리를 조아리며 말했다.

"임금님, 저를 용서하여 주십시오. 저는 이미 전하를 산봉우리로 올려놓았습니다."

산봉우리를 단번에 오를 방법은 어디에도 없다. 적극적인 자세와 태도로 한 걸음 한 걸음 부지런히 걸어 오르는 방법밖에는 없다.

사람은 배운 것을 기억하고 그 정보에 대해 이야기할 수 있다. 그것들을 기억의 형태로 받아들였기 때문이다. 즉 생각하고 이해하게 된 것이다. 그 후 또다시 지식을 적용하기 위해 행동을 취하고 새로운 경험을 해야 한다. 지식을 배우는 것이 '생각하기'라면 경험을 하는 것은 '행동하기'이다. 오감을 통해 들어온 새로운 정보들은 장기 기억이 될 가능성이 높아진다. 수많은 장기 기억과 단기 기억을 무의식적으로 거치면서 비로소 '그렇게 되기' 상태에 다다르게 된다.

수립한 비전과 목표를 달성하기 위해 적극적이고 끊임없이 성실하게 실천해야 자기 삶의 주인이 된다. 실천을 통해 새로운 경험을 만들어야 하며, 그래야 삶은 끊임없이 진화하게 된다.

필자의 사례를 들어 본다. 필자의 계획은 '매일 3시간씩 교육 자료를 정리하고, 매월 5회 이상 공유하며, 매년 50회 이상 워크숍을 개최한다'이다. 사실 스스로 작성하고 나서도 조금은 두려웠다. 조직 내의 인재육성팀에서 업무를 하면서 가끔 임직원들 앞에 설 기회가 있기는 하지만, 혼자 주도적으로 그런 자리를 만들기는 현실적으로 어렵기 때문이다.

필자는 악착같이 시간을 만들고 자리를 만들어 사람을 모았다. 그때부터는 한 회사원이 아닌 글로벌 동기 부여가 정영재로 섰다. 매 주말을 활용하여 워크숍도 개최하였다. 인원과 상관없이 개최하고 콘텐츠를 개발하였다.

몇 년이 지나자 "당신은 참 운이 좋은 사람입니다", "강의하는 일에 원래부터 재능이 뛰어났나 봐요" 등의 말을 듣기 시작했다. '직장 생활 하면서 가끔 강의시켜 주면 그때 열심히 해야지'라는 최초의 생각에서 스스로 세운 목표의 80% 이상을 달성한다는 마음가짐으로 온라인, 오프라인으로 자리를 직접 마련한 결과라고 생각한다. 이제는 이곳저곳에서 필요한 자리를 마련해 주기도 한다. 필자는 그곳에 가서 열심히 제 역할을 하고 있다.

강의가 항상 훌륭하지는 않을 것이다. 하지만 어떤 상황에서도 새로운 것을 배울 수 있다는 자신감과 적극성을 가지게 되었다. 이제는 어떤 규모의 강당에서도 적극적으로 강의를 하게 되었다. 한마디로 적극적인 몰입의 결과이다. 필자가 가지고 있는 능력, 강점과 도전적인 목표 간의 긴장감 있는 균형 지점이 적극적인 몰입을 가능케 하였다.

후회에도 품격이 있다

후회의 사전적 의미는 '이전의 잘못을 깨우치고 뉘우침'이다. '후회막급'이라는 말도 있다. 아무리 후회하여도 어찌할 수가 없음을 말한다. 뭔가 잘못된 것에 대한 반성, 아쉬움 등 부정적인 느낌이 짙게 깔려 있다. 그런 후회에도 상반된 2가지 종류가 있다. 하나는 저지른 것에 대한 후회, 다른 하나는 하지 못한 것에 대한 후회이다. 후회에도 수준의 차이, 품격의 차이가 있는 것이다.

저지른 것에 대한 후회가 주는 충격은 강렬하다. '아! 내가 왜 그걸 해 가지고 이런 꼴이 되었나!', '그 비싼 돈을 주고 학원에 다니는 게 아니었는데' 등이 대표적인 예이다. 이런 후회는 시간이 흐르면 흐를수록 스트레스가 급격히 감소한다. 시간이 지나면 좋은 추억이 되거나 아련한 경험으로 남기도 한다.

하지 못한 것에 대한 후회는 어떨까? 처음에는 '아이고, 다행이다. 나도 저 사람처럼 웃음거리가 될 수도 있었잖아'라고 안도한다. 그러다 시간이 지날수록 '조금만 젊었을 때 하는 건데', '이제는 힘이 없어서', '돈이 없어서' 등 다양한 스트레스가 한꺼번에 몰려온다. 루이스 분은 다음과 같이 말했다.

"실패가 두려워서 새로운 시도를 거부해서는 안 된다. 서글픈 인생은 '할 수 있었는데', '할 뻔했는데', '해야 했는데'라는 세 마디로 요약된다."

어떤 후회를 선택하겠는가? 적극적으로 무엇이든지 시도해 보라고 권하고 싶다. 여기서 중요한 조건 한 가지가 있다. 자신의 비전에 비추어 보아 도움이 되는 것인지 정확히 확인하고 결정해야 한다. 이런 여과 과정을 통해 마음속으로 OK 사인이 나면 즉시 행동으로 옮겨야 한다. 물론 저지른 것에 대한 후회를 할지 모르겠다. 그 후회는 후회로 마감하지 않는다. 분명 새로운 경험과 목표를 낳을 것이다.

비전의 망원경으로 세상을 보고, 이것이다 싶으면 우사인 볼트의 발처럼 뛰어라. 무너질 가능성이 거의 없다면 다리를 두드려 가며 건너는 일은 어리석은 짓이다. 자신에 대한 확신이 없으면 정작 크고 중요한 일은 놓친다. 사소하거나 지엽적인 일에만 과잉 반응하는 우를 범할 수 있다. 확대된 현실에 파묻혀 하나하나 꼼꼼히 들여다보기만 하다가는 실행을 하지 못하게 된다.

비전 노트

작성하기

① 비전 작성

문방구를 찾아가 얇으면서 자신이 좋아하는 칼라의 노트 하나를 선정한다. 그동안 구입했던 단순한 필기용 노트 수준을 훨씬 뛰어넘는, 자기 비전을 작성할 전용 노트를 구입한다고 생각해 주기 바란다. 노트가 준비되었으면 하나 더 필요한 것이 있다. 비전 작성용으로 멋진 펜을 준비한다. 여기저기 뒹굴고 있는 기존 펜들과는 조금 차별화를 둘 필요가 있겠다. 그 펜을 가지고 비전 노트에 직접 써보는 것은 또 다른 성공 체험을 갖게 해준다.

시중에 적자생존, 즉 적는 사람이 살아남는다는 말이 회자될 지경이다. 그만큼 적는다는 행위는 큰 힘을 가지고 있다. 하물며 자신의 비전을 쓴다는 의미는 더더욱 크다 하겠다.

필자는 출근하면서 나름대로의 의식을 거행하려 노력한다. 비전 노트를 펼쳐 미션, 비전, 계획 등을 직접 써 내려가는 것이다. 어느 날은 검은색 펜으로, 어느 날은 빨간색 펜으로, 어느 날은 영어나 중국어로도 써본다. 사람은 글씨를 쓰면서 자연스럽게 속으로 따라 읽는 습성이 있다. 비전을 한 글자 한 글자 읊어 가며 쓰다 보면 가슴에 글씨들이 쏙쏙 들어온다. 그러면 오늘도 비전에 입각한 하루를 보내려는 마음가짐과 힘이 저절로 샘솟는다. 직접 해보면 놀라운 체험을 하게 될 것이다.

차동엽 신부는 희망에 대해 다음과 같이 말했다. '희망'을 '비전'으로 바꿔 생각해 보아도 좋겠다.

'희망을 말하라. 될 수 있는 한 자주 떠벌려라.

희망을 글로 적어라.

가능한 한 또박또박 반복해서 적어라.

희망을 선포하라.

혼자 우물우물 속삭이지 말고 만천하에 공표하라.

그것이 더 큰 성취의 파장을 일으킬 것이다.'

② 감사 일기 작성

일본 파나소닉 사의 창업자인 마쓰시타 고노스케는 자수성가한 사업가로 유명하다. 그는 초등학교 4학년을 중퇴할 수밖에 없을 정도로 집안 형편이 어려웠지만, 13만 명의 종업원을 거느리는 대기업의 총수 자리에 오르게 된다. 그는 누구나 인생에서 가장 피하고 싶은 가난, 허약한 몸, 못 배운 것 등의 세 가지 조건을 다음과 같이 감사의 표현으로 승화시켰다.

'가난했기 때문에 부지런히 일하지 않고서는 잘살 수 없다는 진리를 깨달았고, 몸이 약했기 때문에 건강의 소중함을 깨달아 몸을 오히려 아꼈으며, 못 배웠기 때문에 주변에서 만나는 모든 사람들을 스승으로 보고 끊임없이 배우는 데 노력했다.'

지난 10여 년간 긍정 심리학이 발견한 다양한 긍정성 높이기 훈련 방법 중에서 최고의 효과를 자랑했던 것이 감사하기 훈련이라고 한다. 감정이나 마음의 변화가 심장 박동의 변화와 밀접하게 관련되어 있다는 사실은 체험적으로 모두 알고 있다. '하트 브레인 heart brain'으로 불리기도 하는데, 두뇌의 판단에 따라 심장 박동 수가 달라지기도 하고, 거꾸로 심장에서 보내는 신호가 감정이나 인지 능력에 영향을 미치기도 한다. 심장 박동 수를 가장 이상적으로 유지해 주는 것이 '감사하는 마음'이라는 주장이다.

《물은 답을 알고 있다》라는 책에서도 감사의 중요성과 엄청난 힘에 대해 이야기하고 있다. 말 한마디가 사람에게는 물론 물에게도 지대한 영향을 미친다는 흥미로운 실험 결과였다.

물 한 잔을 앞에 놓고 감사와 사랑을 표현하면 물은 가장 아름다운 결정, 즉 완전한 육각수를 만들었다. 그 물을 마시는 사람의 몸에 강한 면역력이 생겨 건강해진다고 한다. 물에게 짜증을 부리고 욕설을 퍼부으면 물의 결정은 산산이 부서져 인체에 해를 준다. 감사와 사랑 중에 무엇이 물의 결정을 보다 완전한 육각수로 만드는지도 실험했다. 흥미롭게도 감사의 결정이 사랑의 결정보다 힘과 영향력 면에서 두 배나 강했다고 한다.

비전 노트에 담을 필수 내용이 감사에 대한 내용이다. 구체적으로 비전 노트에 감사한 일 5가지를 적어 보기를 추천한다. 가장 쉽게 5가지를 적는 방법은 다음과 같다.

- 아침 출근길, 등굣길에 만나거나 마음속에 들었던 고마운 일 하나를 생각한다.
- 오전 시간에 일어나거나 마음속에 들었던 고마운 일 하나

를 생각한다.

- 점심시간 즈음해서 만난 사람, 일어난 일 중에 하나를 생각한다.
- 오후에 주변에서 일어나거나 겪었던 고마운 일 하나를 생각한다.
- 마지막으로 퇴근길, 하굣길이나 집에서 생긴 고마운 일 하나를 생각한다.

하루 동안 겪은 경험 중에 고마운 일 5가지 정도를 생각해 내어 비전 노트에 적는다. 처음에는 쉽지 않다. 아무리 생각해도 특별하게 고마운 일, 감사한 일이 없다. 생각에 생각을 거듭하다 보면 잠깐 스쳐 지나갔던 사람들, 짧은 통화 등 그동안 별것 아니라고 여겼던 주변이 눈과 가슴에 들어오기 시작한다. 식당에서 만난 동료들, 잠깐 인사했던 요구르트 아주머니, 매주 오가시는 택배 아저씨 등 모두 생활하면서 감사의 마음을 전할 분들이다. 사고 없이 무사히 목적지에 도착한 것, 맛있는 음식을 먹은 것, 꽃집에서 예쁜 꽃을 본 것 등도 고마운 일이다.

하루를 시간 순서대로 되돌아봄으로써 오늘을 정리하고 내일을 계획하는 데 큰 도움도 된다. 출근 시간, 아침 시간, 점심 및 오후 시간, 퇴근 시간 동안 있었던 주요 일을 생각하기도 하고, 그때 선택했던 행동과 생각들을 확인하기도 하기 때문이다. 일기를 베개만큼이나 두꺼운 다이어리에 끙끙대며 쓸 필요 없이 자연스럽게 하루가 정리됨을 직접 느낄 것이다.

비전 노트 작성 예시

위대한 목표를 향해 실행하라

최근 어느 경력 개발 전문 기관에서 약 600명 대상으로 실시한 설문 결과 내용이다. '32.3%'라는 수치는 '올 한 해 자신의 목표 달성률은?'이라는 질문에 대한 대답이다. '원하는 목표를 달성하지 못한 가장 큰 이유는 무엇입니까?'라는 질문에 '게으름, 나태함, 미룸'이라고 대답한 사람들의 수치는 '55.2%'이다. '1달이 더 주어진다면 하고 싶은 것은 무엇입니까?'라는 질문에 '자기 계발'이라고 대답한 수치는 '29.5%'이다. '그렇다면 내년의 구체적인 목표는 무엇입니까?'라는 질문에는 63.5%가 '규칙적인 운동과 건강 관리'를 택했고, 어학 및 자기 계발은 60.1%가 선택했다.

많은 사람들이 공감할 결과이다. 필자는 이렇게 표현하곤 한다. "참 다행입니다. 다행히도 대부분의 사람들이 주말 시간의 소중함을 잘 모르고 있고, 독서의 중요성을 잘 모르고 있고, 유산소 운동이 주는 활력을 잘 모르고 있습니다. 얼마나 다행입니까? 우리가 대부분의 사람들과 달리 자신만의 비전을 세우고, 그 비전을 기반으로 과감히 실천에 옮겨 보면 어떨까요? 상대적 경쟁력으로 얼마나 멋진 결과와 성과가 나타나겠습니까? 이것이야말로 삶 속의 블루 오션 전략이 아닐까요?"

미치 앨봄이라는 작가의 《8년의 동행》이라는 책에 나오는 〈폭풍우 치는 날에도 편히 잠자는 사나이〉라는 제목의 글을 소개하고자 한다.

한 사내가 농장에서 일자리를 찾고 있었다. 그는 농장에 찾아가 주인에게 추천장을 건네었다. 거기에는 이렇게만 쓰여 있었다. '이 사람은 폭풍우가 치는 날에도 잠을 잡니다.'

내심 불안했지만 농장 주인은 일손이 급했기 때문에 사내를 그 자리에서 고용했다. 어느 날 밤 갑자기 사나운 폭풍우가 마을에 몰아쳤다. 거센 비바람 소리에 깜짝 놀란 농장 주인은 침대에서 일어나 밖으로 뛰어나갔다. 사내를 불렀지만 깊이 잠들어 있었다.

주인은 급히 외양간으로 달려갔다. 놀랍게도 가축들은 넉넉한 여물 옆에서 안전하게 자고 있었다. 다시 밀밭으로 뛰어갔다. 밀짚단들은 단단히 묶인 채 방수 천에 덮여 있었다. 이번에는 곡물 창고로 달려갔다. 문들에는 빗장이 걸려 있었고, 곡물들은 비 한 방울 맞지 않고 있었다. 그제야 주인은 '이 사람은 폭풍우가 치는 날에도 잠을 잡니다'라는 말의 의미를 깨달았다.

다음은 문용식의 《꾸준함을 이길 그 어떤 재주도 없다》에 언급된 이야기이다.

'인생은 한 방향으로 일관되게 꾸준히 나아가는 게 좋다. 인생은 얼마나 빨리 달리느냐 하는 속도가 아니라, 얼마나 옳은 방향으로 달리느냐 하는 방향이 중요하다. 비행기는 이륙할 때 3~4킬로미터 활주로를 달리면서 연료의 절반을 소비한다. 온 힘을 불태우는 것이다.'

여러분은 이미 알고 있다. 실행이 없는 비전은 꿈에 불과하며 비전이 없는 실행은 시간만 보내게 된다는 것을, 비전이 있는 행동만이 세상을 바꿀 수 있다는 것을 말이다. 여러분은 멋지고 훌륭한 사람이다. 자신만은 스스로를 괜찮게 생각할 수 있다. 스스로를 근사한 사람으로 생각하고 비전과 구체적인 행동으로 삶을 살기를 기원한다.

'Vision Based Action! 비전에 입각한 삶과 실천!'

'之之之中知, 行行行中成! 가고 가고 가다 보면 알게 되고, 하고 하고 하다 보면 이루게 된다!'

Act upon y

chapter 5

월급 장인을 향한
10가지 지침

책 읽기

습관을

지녀라

2012년 직장인 평균 독서량은 15.3권이라고 한다. 혹시 '그렇게 책을 많이들 읽어?'라고 생각하는가? 심각한 건 그 독서량에 잡지, 만화책이 포함되었다는 것이다. 여성들이 미용실에서 파마하면서 패션 잡지 2~3권은 족히 읽는다고 생각하면 책 읽는 양은 절대적으로 부족해 보인다.

하루에 발간되는 책은 평균 몇 권일까? 놀라지 마시라. 약 240권이다. 오늘도 전국 방방곡곡에서 책은 발간되고 있지만, 현실은 일주일에 한 권 읽기도 벅차다. 누구를 탓할 것인가! 상의하달 식으로 우수수 떨어지는 업무에 순간순간 하루하루 대응하기 바쁘고, 보고서와 기획서 작성 등 노트북만 하루 종일 노려봐야 하는 우리들에게 어찌 보면 독서는 사치라고 말할 수도 있지 않은가!

사실 책 한 권 읽는다고 업무 효율이 급상승하거나, 그럴싸한 리더십 책을 읽었다고 성격이 갑자기 달라지지는 않는다. 그럼에도 전설적인 투자의 귀재 워렌 버핏은 다음과 같이 말했다.

"당신의 인생을 가장 짧은 시간에 가장 저렴한 비용으로 가장 위대하게 바꿔 줄 방법은 무엇인가? 만약 당신이 독서보다 더 좋은 방법을 알고 있다면 그 방법을 따르기 바란다. 그러나 인류가 현재까지 발견한 방법 중에서만 찾는다면 결코 독서보다 좋은 방법을 찾을 수는 없을 것이다."

책은 누구보다도 신뢰할 만한 것이다. 특히 프로를 지향하는 사람에게는 더더욱 그런 존재이다. 책을 쓰는 작가의 입장에서 생각해 보자. 책을 출간한 사람은 그 분야에 대한 자신감과 전문성을 동시에 가지고 있다. 더욱이 자신감과 전문성을 세상에 공개한 사람이라면 충분히 가치를 인정할 만하다. 책을 통해 아무것도 바뀌지 않았다는 이야기는 곧 자기 실천의 부족을 스스로 인정하는 것과 같다. 세상에는 너무나 훌륭한 정보가 득실득실하다. 단순히 머리로만 이해하고 팔다리로 전이가 되지 않아서 문제가 아니겠는가!

간혹 자기 계발서를 싫어한다는 사람을 가끔씩 만난다. 물론 책을 선정하는 데도 취향이 있다. 하지만 최소한 조직에서 구성원으로서 일정 역할을 하고 있는 사람이라면 혼자 이룰 만한 것이 그리 많지 않다는 사실을 절실히 느낄 것이다. 업무를 하면서 다양하게 부딪히는 상황에 알맞은 대비책, 해결책을 책을 통해서 다양하게 얻을 수 있다. 상사, 동료, 부하 등 다양한 인간관계에서 기쁨과 슬픔을 느끼는 사람이라면 리더십, 배려, 커뮤니케이션의 정수 정도는 책을 통해 마땅히 이해하고 실천해야 하지 않을까?

여기서 절대 잊어서는 안 되는 독서법이 있다. 필자는 '비빔 독서'라고 말한다. 한마디로 다양한 작가들의 시각을 섞어 읽고, 다양한 장르의 책을 읽는 방법이다. 예를 들어 보자. 《꿈을 이루는 자기 계발》이라는 도서가 있다. 자기 계발의 필요성, 자기 계발을 통해 이룬 다양한 성공담, 다양한 자기 계발 노하우들을 소개한 책이다. 《자기 계발의 덫》이라는 도서를 보자. 작가는 자기 계발에 매몰되어 있는 현 사회를 비판하고 있다. 마치 트랜드, 유행처럼 되어 버린 자기 계발 열풍을 풍자한다. 어떤가? 이런 식으로 다양한 작가들이 시각을 동시에 느껴 가며 책을 읽는 방법이다.

'따뜻한 마음을 가진 컴퓨터 공학도.' 이런 기가 막힌 반전을 누릴 수 있는 것도 독서의 힘이리라! '인문학적 통찰력과 예술적 감수성을 겸비한 리더'는 어떠한가? 아마도 조직에서 가장 선호하는 리더의 모습일 것이다. 독서는 자기 전문성의 깊이를 더해 줄 뿐만 아니라, 새로운 자기의 모습, 새로운 가치를 찾아 주는 너무나 훌륭한 도구이다.

아이에게 좋아하는 음식만 먹는 것을 미연에 방지하기 위한 방법으로 골고루 비벼 먹이는 방법을 택하기도 한다. 독서 또한 그러하다. 넓은 마음으로 다양한 작가들이 지닌 생각의 틀, 주장 등을 확인해 볼 필요가 있다.

마이크로소프트의 창업자 빌 게이츠는 말한다.

"나는 매일 밤 독서를 한다. 대중적인 신문이나 잡지 외에 적어도 한 가지 이상의 주간지를 처음부터 끝까지 읽는 습관이 있다. 만일 과학과 비즈니스 등 관심 분야의 책만 읽는다면 책을 읽고 나서도 아무런 변화가 일어나지 않는다. 그래서 모든 분야의 책과 잡지를 읽는다."

혹시 딱딱한 서류 뭉치, 딱딱한 노트북만 가방 안에 들어 있는가? 오늘 당장 낯선 시인의 시집을 한 권 사서 가방 안에 넣어 두는 건 어떨까?

일주일에 한 번 모임을 가져라

학창 시절을 돌이켜 보면 정말 다양한 수준, 다양한 성격, 다양한 체질의 친구들을 격 없이 만난다. 그러다가도 '끼리끼리'라고 했던가! 이상하게 나이가 들어 갈수록 같은 일을 하는 사람만 만나게 된다.

사람은 기본적으로 안정적인 관계를 선호하는 성향이 있다.

필자 역시 그런 스타일이었다. 우리 팀 사람, 우리 회사 사람 외의 누군가를 만나는 자체가 어색하고, 뭔가 설명하기 힘든 경계심 같은 것이 발동했다. 그러다 필자는 스스로를 시험에 들게 했다. 자주 눈으로만 체크하던, 인적자원HR 담당자들이 모이는 인터넷 카페의 게시판에 '조직 활성화 프로그램 과정 개발 멤버 공모'가 뜬 것이다. 대리 1년 차였던 필자는 최선을 다해 자신을 피력했고, 드디어 멤버로 뽑히게 되었다. 역시나 막내였다. 띠 동갑 대학 선배, 각 분야 전문 강사, 최고령 코치님까지……. 무엇보다 재미가 없을 것 같아 두려웠다.

하지만 누가 알았으랴, 또 다른 세상의 문이 열릴 것을! 폭넓은 시각에서 지금 하고 있는 업무, 직무를 바라볼 수 있었고, 다양한 인간관계에서 벌어지는 이야기들을 과정 개발을 진행하는 동안 들을 수 있었다. 그야말로 인생을 예습한 느낌이랄까! 과정 개발이라는 목표 아래 목소리를 내고, 상호 의견을 교환하고 피드백하면서 서로 동등한 파트너로서 활동을 하게 된 것이다. '선생님'이라는 호칭을 서로 붙여 줄 만큼 진정한 동료애도 느꼈다.

'집단 지성collective intelligence의 힘'이란 말이 있다. 다수의 개체들이 서로 협력하거나 경쟁을 통해 얻게 된 지적 능력의 결과로 얻어진 집단적 능력을 일컫는다. 집단 지성의 힘은 다양한 사람들과의 만남 속에서 느끼고 발휘된다.

반드시 책상 앞에 앉아 머리를 맞대고 고민해야만 모임이 이루어지는 것은 아니다. 수없이 다양한 모임과 활동이 곳곳에서 펼쳐지고 있으니 잘 살펴보기 바란다. 숨어 있는 고수들의 노하우를, 그것도 비싸지 않은 가격으로 흡수할 절호의 찬스를 잡기 바란다. 소중한 진짜 노하우는 그곳에 참여한 회원들, 참여자들에게서 얻을 수 있다.

'이번 주말에는 뭐하며 쉴까?', '어디 가서 놀까?' 하는 생각에서 '어느 모임에 참석해 볼까' 하는 마음으로 전환해 보길 바란다. 더 나아가 적극적으로 본인이 정기적인 주말 모임을 만들어 보라고 권하고 싶다. 어느 모임의 'Guest'에서 'Host'로 거듭나는 위대한 순간이리라!

필자는 사내 강의로 갈고 닦았던 비전 관련 콘텐츠를 주말 시간을 활용해 대학생들에게 전달하는 정기 모임을 가지면서 큰 변화를 겪었다. 그들에게 필요한 내용을 구성하기 위해 노력했고, 그 노력은 사내 강의를 진행하는 데도 큰 도움이 되었다. 지금은 대학생들이 자발적으로 학습 그룹을 만들어 비전 워크숍을 개최해 줄 것을 요구하기도 한다.

자기 자신이 모임을 주관하고 주최할 때 숨어 있는 로열티, 책임감이 넘쳐 나오기 마련이다. 거창한 모임이 아니더라도 작은 성공담을 나누는 자리, 모임을 생각해 보라. 자전거, 마라톤, 수영 같은 운동 모임에서부터 요리, 포토샵, 정보 관리 노하우, 엑셀 같은 직무성 모임, 책 한 권을 두고 토의하고 저자를 초대해 보는 교양 모임 등 여러분이 개최할 만한 모임은 사실 무궁무진하다.

매주 모여 수다만 떨다 헤어지는 모습이 안타까워서 책 한 권을 미리 읽고 모이자는 식으로 시작한 모임이 있다. 지금 그 모임은 가장 유명한 독서 토론 모임으로 성장했다. 작은 것부터 함께 나누려는 마음으로 시작해 보자. 혹시 아는가? 사람들이 당신의 모임에 열광할지!

출퇴근 시간을 활용하라

2012년 경제협력개발기구OECD 통계에 따르면 한국 직장인들의 출퇴근 소요 시간은 평균 55분에 달한다고 한다. OECD 관련 국가 중 남아공 56분에 이어 두 번째로 긴 시간이라고 한다. OECD 평균 38분보다는 17분이나 더 걸린다. 심지어 교통지옥이라는 일본 48분보다 길다. 출퇴근 시간이 오래 걸리는 이유는 신도시 건설, 행정 구역 확장 등 도시 광역화와 밀접하게 연관되어 있다.

길에서 허비하는 시간이 많다는 통계에 놀라는 사람도 있겠다. 사실 그렇게 놀랄 일도 아니다. 필자는 출퇴근 시간으로 매일 180분을 소비한다. 평균치의 3배 이상에 해당된다. 그렇다고 남들보다 3배 이상 길에서 시간을 허비하고 있다고 생각해 본 적은 단 한 번도 없다. 출퇴근 시간을 어떻게 사용하느냐에 따라 미래는 확연히 바뀐다.

사람은 일반적으로 눈을 감으면 잠이 온다. 마치 수면 버스에 탑승한 사람처럼 타자마자 눈을 감는 사람들도 많다. 부족한 잠을 보충한다는 의미에서는 100% 찬성이다. 하지만 좀 더 적극적으로 생각해 본다면 너무나 아까운 시간이다. 출퇴근 시간을 잘 활용할 아이디어는 무엇일까.

일단 신문 읽기이다. 급변하는 세상의 흐름을 파악하기에 신문 읽기만큼 확실한 방법도 없다. 이동 시에 신문 읽기는 물리적으로 쉽지 않기는 하다. 흔들리는 버스나 지하철에서는 옆 사람에게 피해를 줄 수도 있고, 눈을 쉽게 피로하게 만들기도 한다. 더군다나 휴대폰을 이용한 신문 읽기는 움직이는 교통수단에서는 보다 많은 피로감을 준다. 전체 헤드라인만 확인하고 자세한 내용은 시간을 따로 할애하여 읽는 편이 좋다.

휴대폰을 활용하여 하루를 계획하고 정리하는 방법은 어떤가. 요즘 스마트폰에는 으레 메모 기능이 들어 있다. 메모 기능을 십분 활용하는 방법을 권한다. 오늘 해야 할 일과 만날 사람, 통화해야 할 사람 등을 떠올리며 키워드 중심으로 적어 보는 것이다. 긴급하고도 중요한 일을 적어 두거나, 여기저기 흩어져 있는 해야 할 목록을 일원화시킬 수 있다. 일의 성격에 따라 메모장의 색깔도 달리해 두면 한결 찾기 편해진다.

문득 떠오르는 아이디어도 입 밖으로 중얼거리며 놓치지 말고 적어 놓는 습관을 들여 보자. 나중에 메모를 보면 어떻게 이런 기가 막힌 생각을 해냈는지 스스로 대견스러울 때가 있다. 그 외 사랑하는 주변 사람들의 대소사를 메모해 놓고 축하와 위로의 말을 적시에 해준다면 더욱 사랑받는 사람이 되기는 시간문제이다.

퇴근길에는 오늘 처리한 일을 하나하나씩 지워 나가다 보면 뿌듯함과 성취감이라는 선물을 받게 된다. 부족한 사항, 아쉬운 부분에 대해서도 반드시 적어 본다. 지금은 미완성인 문제가 향후 완성을 이루는 데 기름진 토양이 되어 줄 것이다. 길바닥에서 허비되는 시간이 길 위에서 얻는 소중한 하루의 가치로 재탄생되는 순간이다.

끝으로 다양한 오디오 세미나, 오디오 북 듣기를 추천한다. 방송 관계자들에게는 미안한 말이지만, 라디오는 귀로 껌을 씹는 것과 같다는 이야기를 한다. 쉼 없이 귀로 들어오는 다양한 정보를 들어 줘야 하기 때문이다. 하지만 강의 형태로 정선된 오디오 세미나, 오디오 북은 그 가치가 좀 달라 보인다. 기승전결의 흐름이 명확하며, 책으로만 얻기 힘든 강연장의 현장감이나 깊이를 느낄 수도 있다.

이제부터 서점에 가면 도서만 보지 말고 오디오 세미나, 오디오 북도 꼭 살펴보기 바란다. 비싼 비용을 지불해야만 하는 강의, 시간을 쪼개서 직접 가야만 하는 강의 대신 활용하기에 아주 좋다. 손에 들고 다니면서 펼쳐야만 정보 습득이 가능한 것이 아니다. 출퇴근만을 위한 공간이 훌륭한 강연장의 1등석이며, 멋진 북카페가 되는 것이다.

**외국어를
공부하라**

글로벌 인재가 되기 위한 조건이란 무엇일까? 다양한 대답이 나오겠지만, 빠지지 않는 조건 중 하나가 외국어 능력이다. 외국어 능력이 있다고 모두 글로벌 인재가 되지는 않지만, 외국어 능력조차 갖추지 않으면서 글로벌 인재라 불리길 기대해서는 안 된다. 외국어 역량을 갖추면 조직에서 보다 많은 기회를 얻을 가능성이 크다. 조직은 국내만이 아니라 해외에서 많은 사업 기회를 찾으려 한다. 글로벌 선진 기업을 표방하는 조직은 부서에 따라 해외 인력이 국내 인력보다 많은 구조를 가지고 있기도 하다.

언어의 힘은 참으로 대단하다. 처음에는 중국어를 잘 못했지만, 조직의 계획에 따라 중국 주재원으로 생활했던 한 선배의 이야기를 들려주고 싶나. 처음에는 현지 사원들의 따가운 눈초리에 눈치를 볼 수밖에 없는 상황이었다고 한다. 자신들을 관리하기 위해 본사에서 파견된 사람으로 생각할 테니 충분히 이해가 되기도 한다. 그는 끊임없이 중국어 공부를 하여 현지 직원들과 대화를 시작했다. 그러자 한국인 관리자의 어설픈 중국어에 그들이 마음을 열었다. 그 후로는 애로 사항, 경력 개발에 대한 고민을 함께 나누게 되었고, 결국에는 유창한 외국어보다 중요한 것이 마음을 읽으려는 자세였다는 점을 깨닫게 되었다고 한다.

그가 깨달음을 얻은 바탕에는 외국어 능력이 있다. 외국어 학습의 소중함을 일깨워 준 좋은 사례이다. 외국어 학습을 시작하고 안 하고는 용기의 차이이다. 학습을 시작한 사람만이 어려움을 알며, 열심히 학습한 사람만이 외국인과의 대화라는 통쾌함과 성취감을 느끼게 된다.

외국어를 함으로써 얻게 되는 큰 혜택 중의 하나는 정보 수집이다. 관련 신문, 논문, 전문 서적을 해당 언어로 조금씩 접하는 사람과 그렇지 못하는 사람과의 정보의 질 차이는 의외로 크다. 외국어 사이트에 과감히 들어가 정보의 바다에서 헤엄치는 사람과 누구나 알고 있는 사이트에 들어가 물장구치는 사람의 차이를 상상해 보라!

외국어 학습은 제2의 고향을 선물해 주기도 한다. 필자는 숭어중문학과를 졸업했다. 군대를 제대한 뒤 중국어 자격증 취득만을 바라보고 어학연수를 떠났던 것이 사실이다. 열심히 중국어 기본을 닦다 보니 중국이라는 나라가 더 이상 남의 나라처럼 느껴지지 않는 기쁨을 얻었다. 지금도 서점에 가서 이런저런 책을 보며 배회하다가 중국과 관련된 책을 마주치면 발걸음이 저절로 멈춰진다. 뉴스를 보다가도 중국과 관련된 소식이나 중국 도시가 나오면 어학연수 때의 추억이 영화처럼 머릿속을 지나간다. 각자 외국어 학습을 통해 마음속 제2의 고향을 만들어 보기를 권한다.

여기서 가장 중요한 것은 관련 분야의 전문성과 외국어와의 시너지를 누려야 한다는 점이다. 중어중문학을 전공한 사람으로서 교육 담당 업무는 너무 생소하고 어려운 일이었다. 교육학을 전공한 선배들에게는 기본 교육 용어도 모르고, 성인 교육과 아동 교육의 차이점조차 모르는 골칫거리였을 수도 있다. 필자는 좀 더 가까이에서 배우려 했고, 좀 더 많이 움직이려 애쓰면서 부족한 점을 정확히 인지하였다. 기업 교육 전공으로 석사 공부도 하면서 이론과 실무를 함께 채워 나갔다. 무엇을 더 잘하고 잘해내고 싶은지도 알게 되었다. 이제는 중국어를 전공한 교육 담당자가 아닌, 교육 업무도 잘하면서 중국어도 가능한 사람이라는 말을 듣게 된 것이다.

학교를
다녀라

"지긋지긋한 학교 수업을 또 들으라고? 더 배우기 싫어서 직장에 들어왔는데 말이야!"

혹시 제목을 보고 흥분한 사람들도 있겠다. 그렇다면 대학 시절 전공을 떠올려 보자. 지금도 전공을 떠올리면 가슴이 설레는가? 무한한 책임감이 느껴지는가? 아니면 적어도 전공의 정의에 대해 한 문장으로 이야기할 수 있는가?

우리 모두 많은 실수를 범했다. 자기의 적성, 강점에 집중해 선택한 전공이기보다는 가뜩이나 부족한 시험 점수에 맞춰서 선택한 전공일 가능성이 큰 실수이다. 그런 실수는 조직에서도 일어난다. 어렵게 대학 전공에 적응하여 학문을 닦아 왔지만, 실제 배치된 팀의 이름과 일은 도저히 매치가 되지 않는다. 이제는 주도권을 가질 차례이다. 인생의 전공을 찾아 공부하는 것이다. 존재 가치를 확실히 부각시킬 본인만의 전공을 찾아 학교에서 진정한 학습을 해보라고 권한다.

첫째로, 진정한 프로들을 만날 기회를 얻는다.

실무 경험이 풍부한 사람들의 공통점 중의 하나가 이론에 대한 토대가 부족하다고 스스로 느낀다는 것이다. 그래서인지 한 분야에서 소위 잔뼈가 굵은 사람들이 찾는 곳이 학교이다. 전문가인 교수의 설명을 통해 정통한 프로세스를 학습하는 곳이 학교이다. 다양한 학파의 주장, 모델 등을 접하면서 현장에서 적용했던 것이 무엇이고, 적용하고자 하는 것이 무엇인지를 확인할 수 있는 것이다.

둘째, 아집을 깰 좋은 기회를 얻는다.

사람은 계속하던 일, 계속하던 생각 속에서 자연스럽게 생활하다 보면 자기만의 세상을 만들어 갇히게 된다. 조직이나 팀 내에서는 그런 점을 스스로 깨닫기가 쉽지 않다. 누군가가 어느 날 솔직하게 얘기를 해주기 전에는 말이다. 학교의 교실 안에서는 직급이 존재하지 않는다. 상사와 부하 직원은 존재하지 않는다. 모두 똑같은 학생 신분으로 다양한 아이디어를 주고받으며 상호 영향을 주게 된다. 때로는 하나의 이슈를 두고 논쟁을 하기도 하고, 때로는 각자 조사하고 분석한 내용을 모아 하나의 결과물을 만들어 내기도 한다. 그 과정에서 본인의 고집과 아집이 사라지게 된다.

셋째, 성공적인 시간 관리를 할 기회를 얻는다.

업무를 하면서 학교에서 배운다는 것은 자연스럽게 시간 관리를 한다는 것이다. 무언가 하겠다고 마음을 먹는 순간, 기존 시간 사용 항목 중 불필요한 부분은 제거되기 마련이다. 진정한 전공을 선택하고 공부한다는 것은 지금 하고 있는 일과 균형을 맞추겠다는 의지의 표현이기도 하다.

성공적인 학습을 했던 경험자들의 이야기를 들어 보면, 스스로 자신이 달라졌음을 인식하기 전에 함께 일하는 동료로부터 달라졌다는 얘기를 먼저 듣는다고 한다. 일정한 기간을 통해 자격증 취득, 학위 수료나 졸업을 한 사람들은 즉시 다른 무언가를 시작해야만 할 것 같은 강한 동기 부여를 받는다. 동기 부여가 되면 미래에 대한 계획이 구체적으로 세워지게 되고, 나아가 인생의 멋진 시나리오가 작성되는 것이다.

지금 자기 주변을 살펴보자. 자신은 어떤 전문성을 가지고 있고, 일터에서는 자신에게 어떠한 분야에 대해 가장 많은 요청을 하는지 확인해 보자. 그 전문성과 요청들의 교집합 속에 인생의 진정한 전공이 있다!

관심 분야에 대한 글쓰기를 하라

글을 쓴다는 건 분명 쉬운 일은 아니다. 말을 잘하는 강사들도 글쓰기에는 큰 고통이 따른다고 말한다. 사실 글쓰기는 다양한 방법으로 재해석될 수 있다. 글쓰기에 두려움을 가지고 있는 사람들은 글쓰기란 '새로운 주장과 논지를 펼쳐 가며 독자를 반드시 설득시켜야 하는 것'으로 정의 내릴 가능성이 크다. 필자에게 글쓰기란 관심 분야에 대한 기존의 내용과 시스템 및 프로세스를 재정리해 보는 작업이다.

코끼리를 잡아먹는 유일한 방법은 한 입씩 베어 먹는 것이라 했던가! 누구나 관심 분야가 있다. 그것을 중심으로 하나씩 종이에 옮겨 보기를 추천한다. 주변에는 본인의 전문성과 지혜를 제고시켜 줄 정보와 지식들이 많이 있다. 정보와 지식을 대하는 것에 익숙해졌다면 직접 '정리'하여 써보는 습관을 가져 보자.

글쓰기는 논지와 주장을 머리와 가슴으로 이해하고, 자신에게 적용할 가치 정보를 선택하여 요약 및 정리하는 것이다. 인쇄되거나 화면에 전시되어 있는 문자를 자신의 문맥 자산context asset으로 재생산하는 과정인 것이다. 구체적인 방법은 다음과 같다.

먼저 글의 배경을 정리한다. '머리말'이나 '들어가며', 혹은 글의 첫 문단을 장악하는 것이다. 누구나 범하기 쉬운 실수 중 하나는 본 내용을 먼저 읽는다는 것이다. 적지 않은 양의 본문 내용을 읽다 보면 쉽게 질리게 되고, 내용 사이의 연결 고리를 찾기가 쉽지 않다. 왜 풀코스 요리에 에피타이저가 있고, 왜 어머니는 식탁에 음식을 내놓기 전에 간을 살짝 보겠는가? 글의 초입 부분을 통해 글쓴이가 말하고 싶은 것, 주장하는 바, 이슈 제기 등 글의 배경을 정리하여 드러낸다.

그다음은 핵심 키워드를 정리하는 것이다. 예를 들어 '리더의 조건, 경청 리더십'이라는 제목의 글을 정리한다고 생각해 보자. 만약 글쓴이가 서양에서 바라본 경청의 의미와 동양에서 바라본 경청의 의미를 비교해서 언급한다면 '경청'이 핵심 키워드가 될 것이다. 그 밖에 글쓴이가 정의를 내린 단어에 주목하여 정리한다면 앞으로 이어질 주요 내용을 수월하게 이해하게 된다.

다음으로 본론에 나오는 주요 내용을 정리한다. 위에서 언급했던 '경청 리더십' 관련 책이라면 직접 실천한 리더의 모습들과 사례들이 본문에 제시되어 있을 것이다. 본문에 나온 실천 사례와 함께 구체적으로 필요한 행동 양식 등을 정리하는 것이다.

마지막으로 시사점 및 요약 정리이다. 처음 언급되었던 배경에 대한 해답을 찾아서 정리한다고 생각하면 되겠다. 자신에게, 팀에게, 가정에게, 조직에게 적용하거나 활용 가능한 포인트를 2~3개 정도로 정리하면 좋다. 되도록 위의 '배경, 핵심 키워드, 주요 내용, 시사점'의 형태를 기본으로 한 항목당 1~2장으로 정리하는 것이 중요하다. 정리 후 다시 그 책을 읽어 보라. 왠지 모를 회심의 미소가 지어질 것이다.

인간을 이해하라

'지피지기면 백전불태'라고 했던가! 자신과 똑같은 사람이 세상에 존재할 확률은 약 70억분의 1이다. 학창 생활, 조직 생활을 하다 보면 자신과 마음이 맞는 사람들이 종종 있다. 아무리 자신과 맞는다고 하더라도 분명 서로 다른 유형, 스타일, 특성, 기질 등을 가졌다는 사실에 이의를 제기할 사람은 없다. 오히려 자신과는 다른 모습, 자신은 갖추지 못한 모습 등에 이끌렸거나 관심을 가졌을 것이다.

너무나 다양한 사람들의 모습을 인정하고 그대로만 바라볼 것인가? 다행히 좋은 방법이 있다. 수많은 심리학자, 인간 유형 탐색 전문가들이 다양한 틀을 가지고 정리한 내용을 학습해 보는 것이다. 가장 대표적인 MBTI와 DISC에 대해 간단히 소개를 하겠다.

MBTI는 'Myers-Briggs Type Indicator'의 약자로, 캐서린 쿡 브릭스와 그녀의 딸 이사벨 브릭스 마이어가 칼 구스타프 융의 성격 유형 이론을 바탕으로 개발한 '성격 유형 선호 지표'이다. 요즘에는 컴퓨터 프로그램이나 스마트폰 앱으로도 간단하게 검사할 수 있다.

크게 '에너지 방향, 주의 초점'을 기준으로 외향형과 내향형, '인식 기능, 정보 수집'을 기준으로 감각형과 직관형, '판단, 결정'을 기준으로 사고형과 감정형, '이해 양식, 생활 양식'을 기준으로 판단형과 인식형으로 나눈다. 총 95 문항의 채점 결과에 따라 16개의 성격 유형을 결정짓는 만큼 다양한 성격 유형을 확인할 수 있다.

다음은 좀 더 간략한 형태인 DISC에 대한 소개이다. DISC 분석은 사람들의 행동 경향(패턴, 스타일)에 따라 구분하는 방식으로, 윌리엄 마스톤에 의해 개발되었다.

D는 Dominance로 '주도형'을 말한다. 결과를 성취하기 위해 장애를 극복함으로써 스스로 환경을 조성한다, 다른 사람의 행동을 유발한다, 지도력을 발휘한다 등의 행동 경향을 보인다.

I는 Influence로 '사교형'을 말한다. 다른 사람을 설득하거나 영향을 미침으로써 스스로 환경을 조성한다, 호의적인 인상을 주며 말솜씨가 있다, 사람들을 즐겁게 한다, 그룹 활동을 좋아한다 등의 행동 경향을 보인다.

S는 Steadiness로 '안정형'을 말한다. 업무의 품질과 정확성을 높이기 위해 기존의 환경 안에서 신중하게 일한다, 중요한 지시나 기준에 관심을 둔다, 정확성을 점검하고 업무 수행에 대해 비평적으로 분석한다 등의 행동 경향을 보인다.

C는 Conscientiousness '신중형'을 말한다. 과업을 수행하기 위해 다른 사람과 협력한다, 예측 가능하고 일관성 있게 일을 수행한다, 다른 사람을 돕고 지원한다, 흥분한 사람을 진정시키고 안정되고 조화로운 업무 환경을 만든다 등의 행동 경향을 보인다.

각종 유형 분석 방식으로 먼저 자신의 성향을 이해하는 것이 선행되어야 한다. 그린 후 상대를 배려하고 이해하는 수단으로 사용해야 한다. 한 사람을 단정 짓고, 판단하는 결정적 기준으로 삼는 것은 굉장히 위험한 일이다. 사람은 주변 환경에 따라 수시로 변화하고 적응해 가며 진화하는 존재임을 인정하고, 자신과 어떤 부분에서 파트너십을 가지고 시너지를 낼지에 관심을 가져야 한다. 인생을 만끽하는 기본기는 서로 다름을 인정하고 인간에 대한 기본적인 속성을 이해하는 것에서 갖춰진다.

끝으로 많은 공감을 불러일으킨 '만나야 할 사람의 10가지 유형'에 대해 소개한다.

이메일, 편지, SNS 등을 통해 인사를 보내는 사람과 만나라.

그 사람은 항상 당신을 생각하고 있다.

내일을 이야기하는 사람과 만나라.

그 사람은 반드시 성공한다.

이야기를 잘 들어 주는 사람과 만나라.

그 사람은 나를 치유해 주는 사람이다.

확신에 찬 말을 하는 사람과 만나라.

그 사람은 기준이 잡힌 인생을 사는 사람이다.

살아 있음에 감사함을 느끼는 사람과 만나라.

그 사람은 주위를 항상 따뜻하게 해주는 사람이다

아무리 작은 일도 소중히 여기는 사람과 만나라.

그 사람은 작은 행복이 자주 일어나는 사람이다.

생각만 해도 대단하다고 느끼는 사람과 만나라.

그 사람은 시대를 이끌어 갈 사람이다.

독서와 사색을 즐기는 사람과 만나라.

그 사람은 항상 배울 것이 많은 사람이다.

언제나 밝게 웃는 사람과 만나라.

그 사람은 멀리 있는 행운도 찾아오게 하는 사람이다.

부지런히 일하는 사람과 만나라.

그 사람의 삶은 항상 풍요롭다.

하나 더 추가하고 싶나.

위의 사람이 될 수 있는 자신을 먼저 만나고 사랑하라.

모임을 조직하라

사람은 다양한 관계 속에서 삶을 영위한다. 그러다 보면 크고 작은 모임, 행사 등에 참여하거나 구성원이 되기 마련이다. 그 속에서 보다 큰 가치를 누릴 방법에 대해 이야기해 보고자 한다.

"당신은 행복하십니까?"

다음과 같은 질문에 다행히도 대부분의 사람들은 '그럭저럭 행복하다'는 답변을 한다고 한다. 그중 행복감을 강하게 느끼고 있는 사람의 공통점을 추출해 보았더니, '관계'라는 키워드가 나왔다고 한다. 물론 친구와의 관계, 가족 구성원과의 관계가 밑바탕이 되었을 때이지만, 사회생활에서 좋은 관계는 모임이나 행사를 통해 나타난다.

모임과 행사에 참여하는 사람의 자세와 태도에는 구분되는 특징이 있다. 우선 먼발치에서 지켜보는 것에 만족하는 사람들이 있다. 절대 메인 무대에는 발을 올려놓지 않으면서 그 주변을 지속적으로 맴돌며 3인칭 관찰자처럼 접근하는 유형이다. 참여 자체에 의의를 두고 필요한 정보만 얻으려고 한다고 해서 나쁘다고는 말할 수 없다.

반대로 주도권을 가지고 참여함으로써 정보 이상의 가치를 추구하는 사람들이 있다. 그 사람들의 비결 및 노하우는 무엇일까?

말할 것도 없이 첫째는 적극적인 참여이다. 참여는 스스로 우선순위를 어디에 두느냐가 관건이다. 지금 이 순간 참여하는 모임이나 행사에 의미를 두고 정해진 시간과 장소에 맞게 직접 참여하는 것이다. 모임과 각종 행사에 참여함으로써 얻는 큰 보물은 지식 정보만이 아니다. 자신에게 모범이 되는 사람, 은인을 만나는 것이다.

두 번째로 주도권을 가지는 것이다. 게스트의 입장에서 호스트의 입장으로 거듭나야 한다. 모임이나 행사에 게스트가 되는 순간 정해진 시간과 장소에 얽매일 수밖에 없다. 모임 취지나 목적에 자신을 맞춰야 해서 행동의 제약을 받게 된다. 만약 모임을 주관한다면 어떻게 될까? 그 순간 보다 넓은 시각으로 다양한 상황을 주도적으로 고민하게 된다. 그동안 해왔던 생각, 작은 성공담 등을 자유로운 형태로 표현하게 되는 것이다. 이로 인해 참가자로부터 많은 신뢰를 얻는다. 참가자들은 최소한 주최자가 자기 자신 이상으로 훌륭하길 기대하며, 모임과 행사가 성공적으로 진행되길 도와주려는 사람들이라는 것을 잊지 말고 과감하게 도전해 볼 필요가 있다.

3년 전 필자가 근무하던 연수원의 수영장 운영과 관리를 맡은 파트타임 대학생들 5명을 시작으로 조직한 모임이 지금은 1,600명이 넘는 '페이스북 한국대학생연합회'라는 큰 온라인 조직이 되었다. 필자에게는 '인재개발센터장'이라는 직함을 선물해 주었다. 연합회는 각 대학교의 취업 센터 직원들에게 요즘 대학생들의 생각과 대학생들이 필요로 하는 학습 내용 등을 자문해 주는 역할까지 하고 있다.

중요한 건 일단 시작해 보는 것이다. 사람을 어떻게 모으지, 무엇으로 시작하지 같은 막연한 생각보다 학교나 조직에서 진행되는 모임과 행사에 적극적으로 참여하기를 권한다. 그 속에서 중요한 역할을 맡아 자연스럽게 사람들이 찾아오는 상황을 만들다 보면 향후 자신만의 모임과 행사를 구상하는 단계까지 갈 수 있을 것이다.

강사에 도전하라

30명이 넘는 직장인들이 줄줄이 앉아 있다. 대부분 심드렁하게 앉아 있거나, 스마트폰을 들었다 놓았다 반복하고 있다. 뭔가 불만이 있어 보인다. 쓰윽 보니까 3분의 1 정도는 필자보다 나이도 많고 당연히 직급도 높다. 게다가 모두 한국 남자다. 그야말로 강사들에게는 지옥의 조건들이다. 그 지옥을 맛보라고 강사에 도전해? 그래도 말하고 싶다. 강사에 도전해 보라고.

미국의 심리학자인 제롬 브루너는 학습 피라미드 Learning Pyramid 를 다음과 제시했다.

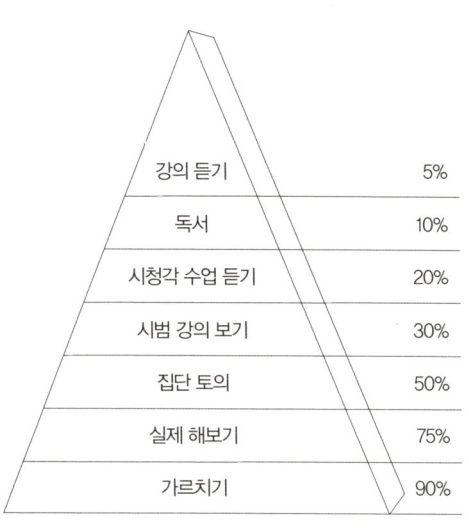

학습 방법과 그에 따른 기억 지속에 대한 결과값이라고 보면 되겠다. 강의 듣기는 5% 정도의 기억 지속력 효과를 가지게 된다. 그다음이 독서 10%, 시청각 수업 듣기 20%, 시범 강의 보기

30%, 집단 토의 50%, 실제 해보기 75%, 마지막으로 90%의 효과를 가져오는 것이 가르치기이다. 듣고 보기보다 직접 해보는 것이 효과적이며, 그보다 효과적인 방법은 누군가에게 직접 설명하는 것이다. 그 주체가 강사다.

필자는 Learning by Teaching을 Learning by Facilitating이라는 말로 표현하고 싶다. 지금은 Facilitator의 시대이다. 퍼실리테이터란 '지시하는 사람이 아닌 조력자, 혹은 일을 용이하게 하는 촉진자'이다.

당신은 이미 학교나 조직에서 조력자의 역할을 하고 있거나, 누군가의 일이 좀 더 쉽게 진행되도록 촉진하고 있지는 않은가! 조금만 관심을 가지고 왜 퍼실리테이터 역할이 의미가 있는지, 그 역할을 위해 무엇을 주제로 할지, 어떻게 전달할지에 대한 고민을 해보면 된다. 책이나 잡지를 읽고 정리한 결과물을 10분가량 누군가에게 설명하는 것으로 스타트를 끊어도 좋겠다.

사람들 앞에서 얘기하는 것이 선천적으로 불편하다고 말하는 사람들이 많다. 앞에서 얘기하는 사람이 따로 있고, 듣는 사람이 따로 있는 시대는 지나갔다. 집단 지성을 통해 또 다른 해결책을 모색해 보고, 여과 없이 자신의 지식과 생각을 표출해야 하는 시대이다. 최근의 TV 프로그램도 이를 증명하고 있다. 기존의 석학, 경영자, 스타 강사들의 전유물로만 여겨졌던 강연이 점점 작은 성공담을 주제로 사람들과 함께 공감할 만한 내용으로 바뀌고 있다. 짧은 시간이지만 긴 여운을 남기는 강연이 방송으로 많이 소개된다.

　강연의 주인공이 바로 여러분이 될 수 있다. 꼭 방송이 아니라도 조직이나 동호회, 소모임을 통해서도 가능하다. 주제는 따로 고민하지 말자. 지금 여러분이 하고 있는 일, 가장 익숙한 일 중에 다른 사람에게 도움이 되고 참고가 될 만한 것들을 생각해 보라. 그 주재료에 양념과 소스를 어떻게 가미할지 섬세한 노력만 기울이면 자신만의 콘텐츠가 생산되는 것이다.

일로부터 인정받고, 사람으로부터 사랑받아라

일로부터 인정받고, 사람으로부터 사랑받기. 너무나 이상적인 문구일지도 모르겠지만 분명한 지향점은 존재한다. 학교생활로 비유해 보자. 자신의 전문성인 전공에 대한 열정, 지식적인 충만함, 관련된 경험 등이 튼튼한 기둥 하나가 되며, 다른 한쪽의 기둥은 스승에 대한 존경과 선배, 동료, 후배들 간의 우정으로 만들어질 것이다.

 마찬가지로 조직에서 훌륭한 리더로 성장하기 위해서 발휘해야 할 성과, 수행, 아웃풋output은 다음과 같다. 하는 일에 관련해서는 다양한 경영 환경에 대한 예측과 통찰력 있는 비전 제시, 이슈의 본질을 명확히 파악하여 적시에 맞는 정확한 판단, 새로운 사업 기회를 창출할 비즈니스 실행 능력 등이다. 이를 구현하기 위해서는 다양한 인풋input이 선행되어야 한다. 분야에 대한 지식, 기술의 학습을 바탕으로 다양한 경험과 전문성이 기반이 되어야 하며, 강한 추진력을 갖추고 있어야 한다.

 사람과 관련해서는 소통의 분위기를 조성하는 열린 소통, 구성원들의 업무적이거나 개인적인 자아실현 지원, 조직에 활력을 주고 새로움을 장려하는 창의적 변화 주도 등이 있다. 인풋 요소들로는 개방적인 태도와 사람에 대한 존중, 배려, 설득력 등을 갖추어야 하겠다.

 두 가지 영역, 즉 하는 일과 사람과의 관계에서 균형점을 찾고 끊임없는 자기 노력과 학습이 필요하다. 모든 조직에서 이 두 개의 축에 대한 리더 교육을 구상하고 있으며, 어느 곳에서는 일부를 강조하고 확대하는 등 다양한 방법으로 교육 프로그램을 진행한다.

교육 프로그램에만 해당되는 것이 아니다. 일터에서 생활하는 하루하루 속에서 두 개의 축을 마음속에 간직하고 생활하라고 제안한다. 뛰어난 전문성과 영리함으로 주변 동료와 상사로부터 인정받다가, 팀이나 사업부의 리더의 역할을 맡게 되면 급격히 힘을 잃는 사람을 자주 본다. 그 전에는 자신만의 영역과 틀에서 자신만의 정보라는 칼을 가지고 단품 요리를 맛있게 만들던 사람이었지만, 이제는 다양한 고객까지 생각하면서 다른 요리사들이 장점을 발휘토록 해 여러 종류의 풀코스 요리를 만들어야 하기 때문이다.

리더십 교육은 리더가 된 후에 받는 교육이 더 이상 아니다. 진정한 리더를 꿈꾸는, 지금 자기 분야에서 열심히 정진하고 있는 여러분들이 삶 속에서 스스로 깨우치며 준비해야 한다. 그렇다고 너무 성급하게 관리 능력, 통솔 능력, 코칭 능력을 배울 필요는 없다. 미리 준비해야 할 보다 중요한 것이 있다. 바로 인격이다.

세상이 각박해지고 불확실성으로 대변되는 경영 현실에서 상대적으로 중요한 것은 인간관계와 내면의 성찰이라고 한다. 조직의 성공에 가장 중요한 토대는 사람이고, 그 사람들이 조직에 열정을 가지고 몰입하면서 움직일 때 조직이 성공하기 마련이다.

조직의 성공 비결이 사람 관리에 있다면 리더의 성공 비결 역시 크게 다르지 않다. 내면적 성찰을 통해 자신의 본심에 바탕을 둔 삶의 기본 원칙과 비전을 먼저 정립하고, 소박하고 정직하고 겸손하고 진정한 용기가 있는 사람이 되어야 한다.

'인격'이라는 깊게 내린 뿌리 밑에 '맡은 일'이라는 줄기를 바탕으로 '사람'이라는 잎이 돋아나야 '행복과 성공'이라는 꽃이 피어나게 되는 것이다. 잊지 말자. 조직에서 일로부터 인정받고, 사람으로부터 사랑받기 위해서는 좋은 성품과 인격을 먼저 갖춰야 한다는 사실을 말이다.

- 책 읽기 습관을 지녀라.
- 일주일에 한 번 모임을 가져라.
- 출퇴근 시간을 활용하라.
- 외국어를 공부하라.
- 학교를 다녀라.
- 관심 분야에 대한 글쓰기를 하라.
- 인간을 이해하라.
- 모임을 조직하라.
- 강사에 도전하라.
- 일로부터 인정받고, 사람으로부터 사랑받아라.

프로 직장인이라면 꼭 가져야 할 비전 수립과 실천 전략
1톤의 생각보다 1그램의 행동이 필요하다

초판 1쇄 발행 2013년 10월 11일
초판 2쇄 발행 2016년 1월 22일

지은이 정영재

펴낸이 박세현
펴낸곳 팬덤북스

기획위원 김정대·김종선·김옥림
영업 전창열
편집 김종훈·이선희
디자인 강진영

주소 (우)03966 서울시 마포구 성산로 144 교흥빌딩 305호
전화 070-8821-4312 | **팩스** 02-6008-4318
이메일 fandombooks@naver.com
블로그 http://blog.naver.com/fandombooks

등록번호 제25100-2010-154호

ISBN 978-89-94792-71-2 13320